FIFA WORLD CUP
Brasil
国际足联中国唯一合作平面媒体
体坛周报

在前往乌拉圭的邮轮上，法国球员德尔富（Edmond Delfour）利用船上有限条件进行训练，可惜的是法国队未能在小组中出线。

　　首届世界杯前，由于路程过于遥远以及花销过于庞大，荷兰、意大利、西班牙、瑞典、匈牙利、奥地利、德国和瑞士等许多欧洲国家明确表示将不会派队参赛，经过雷米特坚持不懈地说服，最终有4支球队远赴乌拉圭参赛。

　　1930年6月18日，意大利邮轮维尔代伯爵号从法国尼斯的维凡屈启航，搭乘该船的包括比利时、法国、罗马尼亚（不包括南斯拉夫）等国家的球员以及欧洲裁判员，当然，船上还有带着金女神杯的国际足联主席雷米特。轮船在海上漂泊了10天后抵达乌拉圭首都蒙得维的亚，受到当地人民疯狂而热烈的欢迎。

1934年世界杯，法国队首场比赛2比3负于奥地利队，法国后卫马雷塞（Jacques Mairesse）防守奥地利前锋沙尔（Anton Schall）。

法国队抵达都灵后，受到球迷的热烈欢迎，他们将在以意大利法西斯头子贝尼托·墨索里尼名字命名的球场内进行比赛。

1938年世界杯1/4决赛，东道主法国队在巴黎哥伦布球场1比3负于意大利队，皮奥拉（Silvio Piola）为意大利攻进第二球。

1954年世界杯小组赛，墨西哥队长纳兰霍（Jose Naranjo，8号）与法国队长马尔什（Roger Marche）赛前交换队旗。

1958

世界杯历史上迄今为止个人单届进球纪录保持者——朱斯特·方丹（Just Fontaine），他的13球纪录让后来者遥不可及。

征战本届世界杯前，方丹（中）仅仅代表法国打过4场比赛，但世界杯结束时，他却攻入13球，还获得一支步枪作为奖品。

人才济济的法国队获得在瑞典举办的1958年世界杯第三名，方丹在6比3大胜西德队的季军争夺战中，一人攻进4球。

法国中场球员贡代（Philippe Gondet，左）与英格兰后卫雷·威尔逊（Ray Wilson），结果法国队在温布利球场0比2败北。

法国队在本届世界杯上是唯一一支拥有3名主教练的球队，3场比赛居然采用了3种战术，结果未胜一场（1平2负）。

1978年6月10日，马德普拉塔市何塞·马利亚·米内拉球场，法国队由于疏忽穿错球衣，只得向当地球队金伯利借球衣。

法国前锋罗歇托（Dominique Rocheteau，左）与让·珀蒂（Jean Petit）密切配合，帮助球队3比1战胜匈牙利队。

1982年世界杯半决赛，法国队与西德队在120分钟的较量后战成3比3。点球大战，西德队5比4胜出。但是这场在塞维利亚皮斯胡安球场进行的一波三折的精彩比赛却被托尼·舒马赫的恶意犯规蒙上污点，他弃门出击却并未扑向足球……

舒马赫撞向巴蒂斯通（Patrick Battiston），立刻让这位刚刚替换上场的法国中场球员栽倒在草坪上，不省人事。让人气愤的是，舒马赫在一旁玩着球，居然厚颜无耻地说："如果他愿意的话，我可在帮他支付看牙医的钱。"

1986

1986年世界杯1/4决赛，法国队与巴西队经过120分钟的鏖战，不分伯仲，法国队长普拉蒂尼略胜巴西巨星苏格拉底一筹。

在巴西后卫儒利奥·塞萨尔的严防死守下，法国前锋罗歇托（左）未能找到破门的机会，双方只能静待点球大战来临……

法国门将巴茨（Joel Bats）表现出色，将球队送进4强，然而，他随后在半决赛对阵西德队时却犯下莫名其妙的错误。

普拉蒂尼居然踢飞点球，难怪法国主教练亨利·米歇尔（Henri Michel）惊呼："我不能相信，所有人都不能相信……"

1998

法国巨星齐达内在1998年世界杯决赛中头球建功，拉开了横扫大热门巴西队的帷幕，结果干净利落地以3比0赢得比赛。

状态神勇的法国门将巴特斯力擒昏昏欲睡的巴西前锋罗纳尔多，帮助法兰西成为世界杯历史上第7个夺得冠军的国家。

法国主帅雅凯说： "我们真正拥有金杯的时间是7月12日23时至次日15时，之后它被存放在巴黎一家银行的保险柜里。"

法国队获得1998年世界杯冠军，这不是一般的胜利，他们把卫冕冠军巴西队打得落花流水。

法国队三场小组赛一球未进，这对卫冕冠军来说简直就是耻辱，齐达内受伤是成绩不佳的重要原因。

因为大腿伤势严重，齐达内缺席了小组赛前两场比赛，第三场必须净胜丹麦队两球才能晋级，可惜齐达内无力回天。

2006年世界杯决赛，齐达内率先向意大利发难，他的一记勺子点球让"蓝衣军团"门将布冯（Gianluigi Buffon）徒唤奈何。

意大利后卫马特拉齐故意挑衅，不断地辱骂齐达内，怒火中烧的法国巨星忍无可忍，用一记"头球"回击了对手。

法国队负于墨西哥队之后，前锋阿内尔卡在休息室内对主教练多梅内克出言不逊，被《队报》记者曝光，法国足协决定开除阿内尔卡，这最终导致全体球员罢训抗议，引起舆论大哗。可怜的法国队在小组赛中3战仅积1分，不得不提前回家。

THE WORLD CUP HISTORY
OF FRANCE

世界杯冠军志之法国

体坛传媒◎编著

执笔记者：赵威

西南财经大学出版社
Southwestern University of Finance & Economics Press

推荐序一

只有足球可以

张　斌

　　我们大多数人没有能力追赶时间，只是被时间推着向前而已。四年，要多快有多快，又是一届世界杯即将开赛了。我脑海中不断有一个场景蹦跳出来——清晨，巴黎街头，我快速地奔向国际电视报道中心，还有个片子等着我去编辑。这就是1998年法国世界杯期间我的工作。当时几乎每一天都是这么过去的。对了，还有一个场景——2010年南非世界杯期间，在中央电视台的世界杯系列节目《豪门盛宴》的演播室中，同事告诉我，阿根廷队和德国队比赛的那一晚，北京长安街上的车格外少。大约半个月之后，我们拿到的收视材料显示，那一晚进行的阿根廷队与德国队的比赛是南非世界杯在中国大陆地区收视率最高的一场比赛，而且比赛开始的时间为北京时间22：00，时间好得不能再好了。

每当这时，就会有很多记忆的碎片被我在脑海中拼凑起来。但总执拗怀旧不是事，会让人嬉笑为老人家的。可是，世界杯不就是不停地怀旧嘛，谁是冠军一定那么重要吗？我们要的不就是传奇嘛。

国际足联说，在南非世界杯期间，全世界最少有60亿人次坐在电视机前老老实实地看了比赛，国际奥委会也会有类似的数据证明奥运会的收视率之高。其实，世界杯与奥运会，不必争个高下，两者是完全不同的庆典。但是，足球作为一项运动很有必要与同类不断比肩，那么，足球这个"第一运动"的称号还有意义吗？闷头发展挣大钱不就成了吗？"第一"的称号其实啥也换不来，不过是我等热爱足球的人的心理感受罢了。这一刻我想起了前皇家马德里俱乐部主帅穆里尼奥的最新格言——"足球，就是人类情感的总和。"

我的这篇推荐序的题目一定会遭到其他运动热爱者的不屑，"只有足球可以"，到底可以什么？坦白讲，我并非回答这个问题的最佳人选。但我知道，世界杯是唯一可以搅动世界，让其在一个月之中为之持续沸腾的比赛。看着欧洲冠军杯比赛深夜里的欢腾，我一直在比对其与世界杯的异同，我依然不是回答这个问题的最佳人选，但我知道那份强大的情感关联的存在感。

读书，不是件容易的事情。太多的书，需要我们去选择。我羡慕《体坛周报》的世界杯系列图书的出版，更羡慕他们旗下那些分布在世界各地的足球观察者们，他们身处异乡，在那里足球已是国家、民族的精神血脉。我很少在江湖走动，见识渐少，行万里路的想法总被自己牵绊。我买过英国人写的几个版本的世界杯史话，文字密密麻麻，有些排版很古典，但是坚持每四年更新版本，我想那几乎是英国足球迷们的国民读物了吧。

我期待着，《世界杯冠军志》未来也能有此功效。此书尚不得见，期待它很扎实、很精美，让我们随时可以从某一页翻起就进入一段历史岁月。谢谢所有作者，安静地写段历史，该是很有意思的，你们如若满意了，我们读起来就会饶有兴趣的。在这个夏天，足球也可以让我们重新找回阅读的快乐和冲动，谢谢世界杯。

（本文作者系中央电视台赛事频道编辑部主任）

推荐序二

没有什么比足球更美妙

米　卢

　　足球世界里最盛大的表演即将在最了不起的足球王国巴西上演。对足球迷而言，没有什么比这更美好了！

　　相信许多人都知道，我和世界杯有着特殊的缘分，从1986年到2002年，我曾经率领5支不同的球队征战过世界杯，12年前与中国男足一起出征韩国西归浦，这些始终都是我生命中最难忘的回忆。

　　中国人讲究12年一个轮回，12年过去了，或许中国国家队没有再能获得更多的机会，我本人和世界杯的缘分也没有续写新的篇章，但中国球迷对世界杯的热爱却与日俱增，而作为我和球迷共同的老朋友——《体坛周报》，也始终战斗在世界杯报道的前沿阵地。

在巴西世界杯的舞台上，所有8支曾经成功捧杯的球队都将悉数亮相，豪门对决，快意恩仇。《体坛周报》的朋友告诉我，他们将借此机会推出一套冠军丛书，向所有中国球迷讲述属于冠军们的故事。在我看来，对所有中国球迷而言，这都将是一份意义非凡的礼物，它不仅讲述了许多鲜为人知的精彩故事，更揭示了属于胜利者的成功秘诀。

在我看来，这个世界上没有什么比足球更美妙的东西了；生活中，也没有什么比享受足球更重要的事了。打开这本书看到这段话的中国球迷们，你们即将欣赏到足球世界里最激动人心的传奇故事。

（本文作者系著名足球教练）

推荐序三

《体坛周报》与世界杯同成长

张敦南

世界杯这项世界上最盛大的足球赛事见证了《体坛周报》的成长。

《体坛周报》创刊于1988年，迄今逾1/4个世纪，无论在国际还是国内，这个历史都不算太久。1998年，第16届世界杯，《体坛周报》才第一次派出记者现场采访，团队规模为3人。2002年世界杯，欣逢中国队历史性出线，《体坛周报》特派记者组骤增至20余人，《体坛周报》也第一次在大赛期间出版日报，并为此广招人才，他们中很多人日后成了《体坛周报》的精英骨干。

虽然中国队此后再未出线，但《体坛周报》的世界杯报道继续升级。2006年，《体坛周报》第一次在世界杯报道中采取"跟队"战术，每支强队都有特派记者全程追踪。2010年，大批外国特约记者加入《体坛周报》报道团队，奉献了"梅西过生日"等独家图文报道。

正是在与国际媒体"同场竞技"的过程中，《体坛周报》迅速成长起来。如今，《体坛周报》是国际足联及世界杯的官方合作伙伴，是法国《队报》等世界知名体育报的版权合作媒体，拥有国际足联金球奖的中国媒体唯一投票权，是"金足奖"评委会成员，2013年还创立了"亚洲金球奖"评选活动。

通过多年建立的关系网，《体坛周报》在国际足球领域做出了真正的独家新闻，如2003年全球首发"贝克汉姆将加盟皇马"等新闻。《体坛周报》的影响力也与日俱增，2012年欧洲杯期间，德国足协少有地安排国脚专访，当时只让三家国际媒体到场，除了法国《队报》和意大利《米兰体育报》，还有就是《体坛周报》。

值此2014年世界杯临近之际，《体坛周报》与西南财经大学出版社、北京亨通堂文化传播有限公司携手推出《世界杯冠军志》系列图书，尽述世界杯七大冠军之风云，实乃盛事一桩。《体坛周报》的国际足球报道团队从业时间几乎都在十年以上，亲身经历过无数场比赛、无数次采访，他们为世界杯冠军立传，定能提供独到视角。

撰写阿根廷卷的程征是《体坛周报》最资深的国际足球记者。1986年世界杯，他曾现场见证了马拉多纳的"上帝之手"和"连过五人"。他和巴西卷作者小中，都是中国现在仅有的阿根廷足球和巴西足球专职记者。

赵威（法国）、彭雷（意大利）、梁宏业（西班牙）、王恕（德国）都是常年旅居欧洲的《体坛周报》记者。每个人的写法都有独到之处，赵威在述史中融入了他对当事人的采访；彭雷的意大利卷集合了各种趣事，绝对让你大开眼界；梁宏业没有拘泥于历史记录，而是将西班牙队、西班牙足球和皇马巴萨的前世今生联系起来；王恕的德国卷重点描述了一些幕后故事，如1974年世界杯上所谓的"贝肯鲍尔夺权"等。

如此系统、深入地梳理世界杯历史，在中国是破天荒之举。看了作者们的书稿，我才发现，很多熟知的"历史"不尽不实。例如1950年美国队1比0胜英格兰队，堪称世界杯史上最大冷门，事后出现了很多嘲笑英格兰队的报道，流传至今。本报驻伦敦记者刘川特地泡在大英图书馆查资料，发现很多"轶事"只是段子。对于想洞察历史真相的足球迷来说，这套书不容错过。

向辛苦写书的同事们致敬，向所有读者致敬。

祝享受世界杯、享受足球！

（本文作者系体坛传媒集团董事长）

推荐序四

足球在法国是以价值观为基础的

白　林

　　许多足球爱好者仍然对法国队在1998年世界杯取得的辉煌胜利记忆犹新：在巴黎法兰西体育场，面对世界最强对手，法国队以实力和天资摘取了梦寐以求的桂冠。许多中国人也都熟知法国最佳球员米歇尔·普拉蒂尼、齐内丁·齐达内的辉煌成就。

　　足球在法国是一项古老的体育活动。法国的足球历史可追溯到一个半世纪以前：法国第一个足球俱乐部1872年在勒阿弗尔（诺曼底）成立；第一次正式足球赛于1849年举行，法国国家队与比利时队举行的首场比赛是在1904年。

足球在法国是一项很普遍的体育活动。法国足协自1919年起聚集了法国和摩纳哥的所有足球俱乐部。法国足协目前拥有200万名会员,其中女会员超过5万名,分布在全国各地;共有共有31个区级联赛,包括海外省9个;18 000 家业余足球俱乐部;参加甲级联赛(20家)和乙级联赛(20家)的共有40家职业俱乐部。因此,在法国,每年的足球比赛不少于一百万场。

足球在法国是以价值观为基础的。因此足球拥有深受大众喜爱的特点——团队精神,它超越了体育场的范畴。为使法国足球走向成功,全国有350 000名志愿者和7 000 名专职人员在举办赛事时提供强有力支持。

2016年欧洲杯将在法国十个城市举行。波尔多、朗斯、里尔、里昂、马赛、图卢兹、圣艾蒂安、尼斯、巴黎和圣丹尼这十个城市正翘首以待,迎接来自欧洲的足球大家庭成员、球迷以及来自全世界,包括中国的足球爱好者的到来。欧洲杯是欧洲最大的足球赛,是根据法国人亨利·德劳内的创意举办的,他本人在1954年6月至1955年11月担任第一任欧洲足联秘书长。1960年,四个球队在法国参加第一届欧洲杯决赛,苏联队与南斯拉夫队在巴黎对决争冠。2016年欧洲杯将首次汇集24支来自欧洲各国实力最强的国家队参赛(而不是以往的16支球队),

2016年7月10日将在法兰西体育场举行决赛。这一重要足球赛事每四年仅举行一次，已为体育爱好者们奉献了一场场欢乐的体育盛宴。在一个月的欧洲杯期间，我们的中国朋友可以从文化、古迹、自然景观等各个方面发现法国，当然不要忽略法国新建设或新修缮的体育场。

由体坛传媒集团编纂的这部作品详细真切地叙述了法国足球的精彩历程。希望我们的读者热爱这部"史诗"，本着友谊和分享的精神成为我们国家队的支持者。

（本文作者系法国驻华大使）

推荐序五

致启蒙者

骆明

对法国足球，我始终怀有特殊的感情，因为法国是我从事国际足球采访的启蒙地。1998年，感谢《体坛周报》领导们的信任，大学毕业一年的我，踏上了采访法国世界杯之路。出行之前难免紧张，但真正到了法国，融入世界杯之中，便平静了下来。随着法国队一步步挺进，巴黎的气氛日渐升温，半决赛和决赛后，我都到了香榭丽舍大街，参与了数十万人的大欢庆。写这篇文章时，我想起一个小细节。1998年世界杯结束后，我受命前往ALLSPORT图片社的巴黎分部购买世界杯的照片底片，成交后，我拿出的不是银行卡或支票，而是数万法郎现金，这着实惊吓了卖方。后来，该社记者还受邀来中国为"甲A"球队拍摄球员标准照，《体坛周报》在报道中的大成本和国际化可见一斑。

2000年，我在荷兰再次见证了法国队加冕欧洲杯，成就"双冠王"。那场法意决赛，是我报道生涯中最神奇的经历之一。那时通讯手段远不如今天发达，加上清样时间紧迫，我前往鹿特丹球场前，已把这届杯赛的总结稿发回后方，且以法国夺冠为基调。决赛中，我所坐区域旁全是法国球迷，当特雷泽盖攻入金球后，冲到离我约十米处庆祝，虽然我只是中立者，也被周围的气氛深深感染。回国后，同事谭亮告诉我，意大利队长时间领先，他不得不准备改我的稿子，但这篇"法国颂"实在无法修改，他愁眉苦脸了许久，直到终场前，维尔托德突然扳平了比分……

那是一个言必称法国的时代。法国队曾是"扶不起的阿斗"，关键时刻屡屡崩溃，甚至1990年和1994年，他们缺席了两届世界杯。成为"双冠王"后，足球世界开始知道他们的克莱枫丹基地，开始褒奖他们的青训体制，中国足球人也不例外。可惜，中国人的学习只停留在嘴上，倒是日本从1998年开始"拷贝"法国的职业青训体制，并结出硕果。

　　相比之下，《体坛周报》对法国同行的学习更为诚心。2001年，中国队历史性杀入世界杯，《体坛周报》也开始与法国《队报》合作。《队报》是世界第一体育报，对足球运动起到了历史性的推动作用，其旗下的《法国足球》杂志又是金球奖的创办者。与他们合作后，《体坛周报》不仅拿到了优质报道的刊载权，更全方位借鉴了他们的报道理念。时至今日，我每次拿到《足球周刊》，都会细心研读《法国足球》专供该刊的文字。

　　本书作者赵威，正是《体坛周报》与《队报》合作的纽带，令我羡慕的是，他可以常驻《队报》办公，真正地零距离学习。每次与他见面，我都期待分享他在《队报》的见闻。2007年，《法国足球》杂志创办的金球奖走向全球化，引入非欧洲国家的评委，感谢赵威兄向《法国足球》推荐了我，我有幸代表《体坛周报》行使这宝贵的投票权。

　　以赵威兄"潜伏"《队报》十年的经历，他自然是撰写法国世界杯历史的不二人选。他以"局内人"的身份，见证了法国足球的兴与衰，更可贵的是，此书不单是历史的复述，赵威采访过普拉蒂尼、雅凯、帕潘等法国足球的风云人物，由他们来解读法国足球，让本书更为生动。1998年采访完世界杯后，我的最大疑问是，为什么法国队主帅雅凯与《队报》闹得不可开交，16年之后，我终于从此书找到了最准确的答案。

作为一位旅居法兰西17年的"法国通"，赵威的视野没有局限于足球，而是把足球与法国文化联系起来。他告诉了我们：为什么法国人发明了那么多足球赛事，自己却不是最高明的玩家；为什么法国队里全是移民……

感谢赵威兄奉献如此诚意之作，也感谢赵威老师这些年将法国同行的"武功秘籍"传授我等。值此中法建交50周年之际，这本书算是一个小小的贺礼。无数人曾为中法友谊努力，赵威兄亦是有功之臣。

（本文作者系《体坛周报》副总编辑）

前　言

一本书的旅行

从亚洲到欧洲，再到非洲，再到南美和北美，再到南极，十几年的时间中，我走了除了大洋洲之外的所有大洲。就像我们看到大海，才知道一条河流乃至于一滴水的渺小一样，走了这么远，才感到世界很大，人类很小，历史很长，人生很短。那么多的地方，我们就是用一生的时间来走，也是走不完的，更不要说走得很深入，很细致了。可是不管如何，走的过程给我带来的兴奋却是无可比拟的，我最幸运的，莫过于自己在路上了。

在路上的时候，我们不妨都叫作旅行。旅行可以是地理意义上的，从一个地方到另一个地方，也可以是时间意义的，从一个年代到另一个年代。从这个意义而言，人生就是一段旅行。在这段旅行中，我们做得最多的事情，恐怕莫过于梦想和回忆了。梦想当然是小时候的多一些，那时候就会想自己未来会怎样怎样，长大了之后，无论是怎样怎样还是没有怎样怎样，都会忍不住想起那样向往的时光，于是，就开始回溯了。

抽上一支烟，喝上一杯酒，逢上三两个发小，就可以开始我们小小的穿越了。我们穿越的，是我们自己的历史。旅行的一项好处就在于，走出了井口，就不再只看到头顶的一小片天了，就会知道，相对于未知的世界，我们该多么微乎其微啊。那么，我们不妨走得远一点，无论是向前，还是向后，无论是向左，还是向右。

就算是向后走，我们也会发现不同的感悟，那不光是我们自己的历史，还有更多人的历史，那么久的年代里发生的种种故事，简直就是一笔挖掘不尽的财富。是的，如果向前走，我们未必能够找到自己期待的风景，那么，回过头来，起码可以让自己的内心变得充盈。向后走的班车差不多只有一列，票价极端便宜，那就是书了。好多时候，好多人，都在浮躁中感叹浮躁。其实，平心静气的方法很多，可以万水千山走遍，也可以坐地日行八万里，所谓行千里路，读万卷书，都是殊途同归。

最近的一个月中，我读了十几本法国足球的书。这样的过程像小时候被妈妈逼着背古诗词一样充满苦难，不过，等到写自己的这本书的时候，就像随口吟出一两个串词的句子一样，感到一种暗爽的快意，甚至常常是意犹未尽。总有那么多生动的地方，让你回味，让你叹息，让你拍案惊奇，小小的书房里，整个世界都刹那间波澜壮阔了。

这些书里面，我最喜欢的几乎只有两类：一类是历史，纯粹的历史，比如《法国足球史》、《世界杯历史》、《欧洲杯50年》等，这就像不同的河流，让你逆流而上，找到心中的伊人；一类是传记，比如《普拉蒂尼传》、《帕潘传》、《方丹传》或者《雅凯传》等，这就像一个个的雕像，让你从时间里看到他们的坐标以及他们走过的轨迹。如果幸运的话，碰上一个罗丹式的可以画龙点睛的作者，那么，你还可以感受到他的眼神，或者是仿佛听到他说话的声音和语气。

这样的书，其实不多，在足球这个不太适合写书的行当里，就更加少见了。这里，我要感谢我客居的法国《队报》，法国足球乃至于欧洲足球的经典之作几乎全部是他们出版的。难怪，别说法国足协，就连欧洲足联和国际足联的资料室都成了他们的天下。我有幸见到了从费朗一直到现在的《队报》的历任总编辑，他们每人都有不同的风范却又同样的意气风发。

坦率地说，和他们这些"雕塑师"相比，能够成为一个天才的"雕像"的对象并不多。在法国足球里面，我只找到了一个，那就是普拉蒂尼。方丹是扯开嗓子喊的，科帕是单频道的，齐达内是立体声的，而普拉蒂尼就是环绕的音响了，完全不在一个档次上。所谓天才，是在自己都觉得不可能的时候创造了可能，是一种特异功能。普拉蒂尼就是这样的一个例子，他从球星起家，球场上的定位球迄今为止仍然令人匪夷所思，而在球场外更加如此，做主教练风生水起，等到做了1998年世界杯的组委会主席，大家都以为仅仅是作个秀而已，没想到却由此开发了自己的另外一项潜能，那就是政治家的天赋。法国足协副主席，乃至于欧洲足联主席，也许不久之后，就成了国际足联主席了。如果他想，真的没有人能够阻挡。

在这本书中，仅仅是关于普拉蒂尼，就有太多的故事可以讲了。但是，限于篇幅，我真的没法把所有的细节都和大家分享。而且，我敢打赌，就连我自己，都还有好多地方需要挖掘。普拉蒂尼本人，我曾经采访过两次，现在看起来，当年那些问题可真的是幼稚。不过，总算可以形成一个虽然毛毛草草，但是毕竟是真实的印象。我还想再骚扰一下他，让那些单薄的细节变得丰满。当然了，还想再看一下雅凯，还有多梅内克，那都是多么丰富的经历，做心理学案例都属于经典之列。从1904年到现在，法国队已经有一百多年的历史了。从这条蜿蜒的河里露出脑袋，我有了更多的好奇。就像从一个地方回来之后，得意没多久，就发现这个地方还有很多风景没有去。

最后，感谢我的同事和朋友，尤其是《体坛周报》副总编辑骆明、法国《队报》的巴雷特以及《队报》出版社的劳德特、《队报》资料室的多梅内科和达尼埃尔。谢谢你们！是你们让我知道了天空的无垠，感受到了在天空中飞翔的自由以及俯瞰的快乐。

目　录

第一章　法兰西乌托邦

　　在开始我们的编年史之前，笔者不妨先费些笔墨，啰嗦一下笔者生活了17年的法国、这个国家的国民性以及这样的国民性所孕育的足球精神。事实上，这差不多才是法国足球过山车一样表现真正的源头。而体现足球精神的，当然是足球人，这也是这本书的主要内容。在这里，笔者要格外说说代表了法国足球历史的三个人，他们分别是科帕、普拉蒂尼和齐达内。他们本身就是法国的包容性的最好诠释了，分别是波兰、意大利和阿尔及利亚的后裔，但是，他们却创造了属于红白蓝的奇迹。除此之外，还有法国足球地理，这里，笔者不再介绍我们熟悉的巴黎和马赛这两个法甲豪门以及依次往前追溯的圣埃蒂安、兰斯和南特，如果说到法国国家队，那么，最有代表性的当然就是克莱枫丹了。这一章，可以算是我们在本书的开场哨吹响之前的一个热身。

自由、浪漫和宽容

自由，是法国人自己内心中最大的骄傲，也是像空气一样不可或缺的权利。浪漫，是我们作为外国人，对于这个国家和这个国家中人的印象的概括。因为自由的心，所以，才有浪漫的想象力，所以，才有十几个世纪以来诗歌、绘画、音乐和哲学的璀璨成就。这种成就在20世纪初达到了一个高峰，而在这些艺术和思想范畴中，还增加了一个新的项目，这就是体育。

看起来，体育和法兰西的贵族传统并不搭边。其实不然，当衣、食、住、行这些基础要求得到满足之后，体育和诗歌、音乐或者绘画这样阳春白雪的艺术一样是一种审美的需要，是一种表达的需要。绅士顾拜旦就这样挥舞着自己的手杖，先把自己沉浸在了古希腊的想象中，接着，创造了现代奥运的发端。

作为现代奥运会的发起人，顾拜旦的名字整个世界都耳熟能详。而就像一条金矿带中，金沙不会只有一颗一样，这个名字也不是唯一的一个。如果说像繁星灿烂，那肯定是太夸张了，但是，单单从法国人发起的各种体育比赛来看，确实已经让人感到炫目。可以想象得出，在这些比赛的后面，到底蕴藏了多少人的灵感、心血，甚至是毕生的精力。

百年环法自行车大赛、达喀尔汽车拉力赛、巴黎—莫斯科—北京汽车拉力赛，谁都能看到，这些世界性的大赛已经盖上了一枚法国制造的徽章。不过，很多人可能不知道，从足球的世界杯到欧洲杯乃至冠军杯都是法国人发起的，如果加上金球奖的话，法国人创造了从国家队到俱乐部乃至于到个人的近乎所有比赛和评奖的模式。

这些比赛和评奖如今都有了相当的规模，甚至成了我们每一年，或者每四年一次的节日。而就像人类已经达到了的文明的时代是若干个世纪沧海桑田的结果，这些比赛创立之初可以称得上是一个草莽的时代。在那个年代里，除了无忧无虑的法国人之外，谁还会想到，让这些在当时并没有足够重要的赛事跨出国界，成为今天体育的联合国，顾拜旦敢于举办奥运会，雷米特敢于跨洋创建世界杯，除了法国人，谁还能够有这样的勇气？

这个星球上，有一块地方叫做法国，这是我们的幸运。因为这个地方孕育了很多自由的想法，乌托邦的想法。大多数的想法，像肥皂泡一样自吹自灭了，但是很多想法存活了下来，并且改变了世界。这样的事实表明了法国除了自由和浪漫之外的另外一种国民性，那就是包容。试想，如果没有对于这些乌托邦想法的包容，仅仅就足球而言，这个世界上我们赖以兴奋的赛事如何能够投胎呢？

和国际奥委会一样，国际足联也是法国人创造的，世界杯当然也是，就连大力神杯在起初的年代中，都被称为雷米特杯，而欧洲杯同样是法国人发起的，这个杯以雷米特的小兄弟命名，叫做德劳内杯，这两个人都曾经是法国足协，同时也是国际足联的铁腕人物。

从国家队到俱乐部，在这两项国家队每隔四年一届的足球盛事之外，还有一项每年都举行的俱乐部的比赛也是我们熬夜的理由，那就是冠军杯。而冠军杯，也是法国人发明的！这一次，发明者不再是体育机构的领导者，而是一家报纸，就是法国《队报》。除了冠军杯之外，这家报纸旗下的《法国足球》杂志还创办了金球奖的评选。

如果你去一个法国人家里或者传统的法国餐馆，主人或老板常常会带你参观他们的收藏品。很多收藏品甚至就摆在最显眼的地方。这是一个喜欢创造的民族，他们更喜欢自我炫耀和自我骄傲，而他们的确有这样的资格。单单从体育项目来说，发起这么多赛事就是一个了不起的成就了。如果来到《队报》的大楼里，你就会发现，它们的收藏品实在是太多了。对，以上说的这些赛事当中的绝大部分的发起都和这样一家传奇的报纸有关。

法国人把每天早上买这张报纸当成了一种习惯，对于他们而言，这不仅仅是一张报纸，而是一代代人的历史。早在一百年前，他们觉得自己的报纸在7月份的淡季没有内容可以报道的时候，他们发起了一项最受群众拥戴的自行车比赛，这就是环法。接下来，他们发起了欧洲冠军杯。接下来，他们买下了法国足协的官方简报，这就是后来的《法国足球》杂志。这家号称足球圣经的杂志同样不仅仅以足球报道的权威而享有盛名，他们发起了一项迄今为止仍然让世界上所有知名球星向往的奖项——金球奖。

在此之前，他们还发起了欧洲田径锦标赛和世界滑雪锦标赛。在此之后，他们发起的达喀尔汽车拉力赛已经成了世界上规模和影响最大的汽车越野拉力赛。一份报纸，居然能有这么大的力量！在世界媒体的演变史中，这当是有趣的一笔。不过，分析起来，这倒没有什么意外。在思想无疆界的法国人当中，媒体人当然是最富有联想力的一群人，而当他们同时还是最了解自己所从事的行业的那一群人时，他们的灵感变成现实就没法用偶然来解释了。

笔者很荣幸能够在这样一家传奇的报社工作，每一天来到《队报》办公室的时候，笔者都有一种见证历史进程的感觉。在楼上，《法国足球》前总编辑热拉尔的办公室里摆着一个金球。由于《队报》电视台每天都会有明星作为嘉宾，所以笔者每天走出办公室的时候，就会受到很多摄像机和镜头的围攻。很多实在找不到料的电视台和电台记者，就会向笔者说，作为中国媒体的代表，你帮我们讲几句吧。

这家报纸给予笔者的这种骄傲感肯定也深埋在所有《队报》同仁的内心深处。所以，在所有的场合中，他们都表现得如此骄傲。有的时候，笔者甚至感觉，他们骄傲得有点过了头。谁让人家有这么多骄傲的资本呢！

不过，历史总归是历史，自由的法国人仍然是自由的法国人，在他们所创造和发起的这些赛事当中，他们却并不是始终如一的主人。法国人具有天性的创造力，但是，实践却是一个致命的缺陷。这也是为什么，在他们所发起的赛事上，他们并不总是赢家，而就算是登上巅峰之后，总会以更快的速度跌落。

　　有趣的是，他们登上巅峰的时候，很多时候靠的并不是地道的法国人，而是外籍军团。战争中的雇佣兵我们就不说了，在体育的范畴当中，这样的例子就层出不穷。20世纪70年代名扬世界的中长跑冠军雅齐是波兰人的后裔，和刘翔同代的110米栏的世界冠军杜库里是马里人后裔，在法国运动员当中，到底有多少是纯粹的法国人呢？在足球运动中尤其如此，具体到了1998年夺冠的法国队当中，几乎找不出一个真正意义的法国人。

　　法国人擅长的是想，至于做，干脆留给外国人好了！幸好，幸好，虽然法国人徒劳地坚持用法语文化抵御英语文化，但是，他们从来都没有用同样的方式抵御世界各地的移民，而是表现出了惊人的包容性。否则的话，在法国的体育史上，除了作为发源地之外，就是枯干的河床了。

　　1998年世界杯结束的时候，极右派党魁勒庞曾经愤怒地指责那个刚刚摘下一颗星的法国队："这是一个黑人的球队，里边没有一个法国人！"是的，在那支法国队当中，纯粹法国血统的法国人绝无一人，而在现在的法国队当中，同样如此。甚至在历史的法国球星当中，除了二战前的草莽时代之外，纯正的法国人也少之又少。

　　科帕是波兰人的后裔，普拉蒂尼是意大利人的后裔，齐达内是阿尔及利亚人的后裔，这三个法国足球的传奇人物，哪一个都不是土生土长的法国人。就连备受争议的法国队现任主教练多梅内克，也是西班牙人的后裔。我们根本都没有说黑皮肤的，就算是在白皮肤的球员中，又有哪一个是高卢的传人呢？

对于这个现象，仍然可以从法国人的性格中找到注解。这个喜欢想象的民族，这个喜欢创造的民族，这个自由的民族，这个生存在欧洲最富饶的一块土地上的民族，他们已经习惯了悠闲的生活，他们已经习惯了抱怨，他们已经忘记了辛苦是什么。而那些法国移民的后裔，却懂得……

一直到现在为止，这些自由的人浪漫的想法仍然没有中止。除了法国之外，世界上还有哪一个国家，把一周35小时工作制变成了法律呢？没错，这是一个逍遥的民族。对于这样的民族来说，残酷的比赛就像残酷的战争一样，不是他们的本行。他们可以做教练，可以带给你先进的理念、别出心裁的加工方式，但是，他们可绝对不是一个可以摆在货架上的商品。

但是，在自由和浪漫之外，如果包容和尊重同样可以成为这个民族的精神，那么，你还有什么好说的呢？在1998年之前，人们说到齐达内的时候，总是把他当作阿尔及利亚人的后裔，但是在1998年之后，就是彻头彻尾的法兰西英雄了。很多人甚至提出了让齐达内当选总统。说到包容的另外一个例子，就是前任法国总统萨科齐。他同样不是一个纯正的法国人，而是匈牙利人的后裔。不过，这并没有影响他成为法兰西共和国的总统，他的这个特别的身份，很可能为他赢得了更多的选票，尤其是移民后裔的选票。

法国和世界上大多数地方一样，足球是最普及的运动。接下来是篮球和橄榄球。世界上所有门类的运动，在法国都可以找到相关的协会。时间一代代地流逝，但是，法国人自由、浪漫和包容的传统始终都没有改变，并且影响了来到这里淘金的移民，并且使得他们成为自己历史上的一部分。

三个人的法国足球史

从1904年法国队的第一场比赛开始粗略算起，法国国脚的规模迄今为止已经扩大到800多人了。在这些人当中，大多数都随着时间的推移湮没在记忆当中了，虽然他们可能在当时曾经有过闪亮的表现。当然，还有一些人留下了坚实的痕迹，每当我们回忆起法国队的起伏，或者拟定一个法国队创建以来的最佳阵容的名单的时候，就会经常提起。他们也不过20到30人而已。

比如曾经举起了世界杯、欧洲杯和冠军杯的德尚，比如在巴特斯的光头上经典一吻的布兰克，比如在一个黯淡时代的响亮名字帕潘，比如创造了世界杯进球纪录的方丹……在这些人当中，有三个人最为突出，他们不仅在当时的法国队常有力挽狂澜之举，也是整个法国足球历史上最优秀的球星，他们甚至超出了足球的范畴，从而影响了他们所处的时代。按照出场的顺序，他们分别是科帕、普拉蒂尼和齐达内。

本书在下面的叙述中，采用了编年体的方式来记述法国足球的百年历程。其实，也完全可以用这三个人来划分法国队的历史，那就是科帕时代、科帕时代衍生的前科帕时代和后科帕时代；普拉蒂尼时代以及普拉蒂尼时代衍生的前普拉蒂尼时代和后普拉蒂尼时代；还有齐达内时代以及齐达内时代衍生的前齐达内时代和后齐达内时代。不过最终作罢的原因在于，就算不贴上这样的标签，法国足球的历史又何尝不是如此呢！

毫无疑问，这三位巨星会在本书中不断地被提起。而在这里集中地想解读一下的是，他们三个人在创造了各自的非凡历史，也是法国足球的三个黄金时代的背后，三个个体所蕴藏的共性。没错，他们是个性不同的三个人，但是都是个性极为鲜明的三个人。从他们三个人的出身上，我们就可以发现前面所说到的法国足球的包容性，这三个代表着法国足球骄傲的人，都不是纯粹的法国人！

他们都出生在法国，但是他们的父辈却并非如此。他们都出身于平凡甚至贫困的家庭。科帕的父亲是矿工，就连他自己也从14岁开始下井，踢足球成了摆脱这个危险行业的动力。普拉蒂尼的父亲是个建筑工人，至于齐达内的父亲，则是马赛贫民区的一个门卫。20世纪的法国文明，有相当程度要归功于这些移民，而20世纪的法国足球的辉煌，则是这些移民和他们的后裔创造的。

而这三个后来的巨星童年都很艰苦，科帕和齐达内分别在里尔矿区后花园的草地上和马赛的街头踢球，普拉蒂尼的情况要好些，兼职教练的父亲给他提供了球场的便利。孩提时候，几乎没有任何人会想到，他们日后会成为分别影响法国十年的巨星。而这些童年时代无拘无束的经历，尤其是非科班的成长过程，是他们在后来的职业生涯中所表现的多样性的进攻足球的主要摇篮。在所有的法国国脚当中，只要看一下他们的动作，你就能够认定，谁是科帕，谁是普拉蒂尼，谁是齐达内。

在"WM"①盛行的20世纪50年代，科帕的前场突破几乎可以说是如入无人之境，而普拉蒂尼仅仅凭借自己的进球效率就可以充当一个前锋，他的全场意识最终又让他成了一个前场

①WM，20世纪30年代流行于欧洲的一种足球阵型，由"235"打法改良而来。中后卫放到两个中卫之间，两员内锋向中路靠拢，将这些位置用线连起来很像英文字母W和M，因而得名。

核心，拥有他们两个人的法国队，都是有灵性的法国队，不光是进球，还有进球过程的流畅漂亮，出其不意。至于我们看比赛最多的齐达内，更是集进球和组织于一身，他的技术如臻化境，一传一射常常会出乎你的意料之外，又在惊喜之中。

这样的三个球星，他们给法国球迷带来的都是一样的梦想和期待，而他们进入法国队的时机又都充满危机和怀疑，好像这些乱像是为英雄特别准备好的序曲一样。20世纪50年代，正处于战后的重建之中的法国队失败接着失败，错过了1950年的世界杯之后，法国球迷甚至不再对这支队伍抱有丝毫的幻想，这时候科帕横空出世了。普拉蒂尼从南锡转会到圣埃蒂安之后，法国队正处于暗无天日的隧道之中，伊达尔戈选择了普拉蒂尼，从而走出了黑暗的尽头。至于临危受命的雅凯，正是靠着齐达内这样当年的新人，改变了坎通纳和帕潘所没有改变的危难局面。更有趣的数字是，如果不算齐达内德国世界杯的复出，他们每个人效力国家队的时间都是十年。

在各自的十年当中，他们都是乱世的英雄。不是历史选择了他们，而是他们选择了历史，并且恰如其分地填满了属于自己的章节，这也是后来人口中的传奇。科帕带领法国队夺得了1958年世界杯的季军，并当选当年的欧洲足球先生（金球奖）；普拉蒂尼作为法国队队长，在1984年捧起了第一座欧洲杯的奖杯，他在那届比赛的9个进球让人记忆犹新；而齐达内则是1998年世界杯和2000年欧洲杯上法国两次捧杯的首席功臣……法国足球最光辉的部分，都是和这三个人连在一起的！

　　而说到这三个球星效力的俱乐部，也有着惊人的交集。科帕不是第一个海外淘金的法国球星，但他是第一个在国外一流豪门扎根的人，从兰斯转会到皇马之后，他和迪斯蒂法诺一道三次蝉联冠军杯，并且成为第一个捧得金球奖的法国球星。普拉蒂尼从圣埃蒂安转会到了尤文图斯，并在尤文图斯夺得了冠军杯，随后成了第二个加冕金球奖的法国人。他不是只获得了一次金球奖，而是从1983年到1985年连续垄断了三年。这是金球奖历史上的第一次。如果说科帕和普拉蒂尼分别在西班牙和意大利风光了一个时代，那么齐达内则把这两个人的风光结合在了一起。他先是从波尔多转会到尤文图斯，并且在那里夺得了金球奖，接着又从尤文图斯转会到皇马，并且最终把根扎在了这个俱乐部。

　　在带领法国队走向了三次不同的峰巅之后，他们三个人的退役带来的空缺直接导致了法国队在高峰之后的低谷。科帕并不是自己选择的退役，而是因为他不断抗议俱乐部奴役球员而招致了法国足协的报复。在他之后，法国队甚至连续两次缺席世界杯，重新沦入二流。普拉蒂尼在获得了1986年墨西哥世界杯季军之后选择了急流勇退，不过，随后法国队的窘境使得他不得不换了一个主教练的马甲紧急出山，那时他只有33岁，也是法国足球史上最年轻的主教练。齐达内在2002年的世界杯之后退役，不过，看到法国队世界杯出线的困境，他又选择了复出，并且带领马克莱莱和图拉姆等老将获得了2006年世界杯亚军。当巨星再度离开之后，法国队也就重陷于平凡之中，迄今为止，除了不断的丑闻之外，再无惊喜。

走进克莱枫丹

唠叨完了法国的足球精神和足球人之后，我们不妨唠叨一下法国足球地理。法国的足球有很多可以说的地方，比如王子公园球场、法兰西大球场、代表着不同时代荣光的兰斯和圣埃蒂安俱乐部等，但是，说到法国队，我们就不能不说说克莱枫丹，这是一个提到法国足球就没法不提到的地方。这里是各个年龄段的法国队的大本营，是足球少年梦想的摇篮，也是教练员的培训基地，由雅凯和霍利尔先后领衔的法国足协技术委员会就设在这里。如果把这里称为法兰西足球的心脏，可能一点也不过分。

克莱枫丹的位置很偏僻，就算不堵车，70多千米的路从巴黎市中心也要跑一个半小时，要是碰上高峰时间，跑两三个小时实在是常有的事。从巴黎向南，取道118号国家公路和欧洲10号高速公路，从朗布耶特出口开出来，你就被森林所包围了。直到现在为止，朗布耶特仍然是法国最有名的天然狩猎场之一，当年路易十四国王就经常带着他的王公贵族在这里猎鹿。至今，在很多博物馆里还保留着很多从这里猎获的鹿头和野猪头制作的标本。现在，法国对于狩猎的限制越来越多了，这里就成了国家级的森林保护公园。

克莱枫丹处于上瓦雷地区自然保护公园的中心，前不着村，后不着店，周围是2200万平方米的朗布耶特大森林的参天古树。这是一个只有千人左右的小镇，家家户户的别墅洋房错落有致，一座哥特式的教堂是这里古老历史的见证。从教堂向右拐，就进入了一个森林环绕的小路，再走大约2千米处就是著名的克莱枫丹训练基地了。从基地入口到各个球场和驻地，步行也需要10来分钟，一条狭窄的单车道曲曲折折。所以，连进门处或者是停车场前都安上了红绿灯，而且限速30千米/小时。

法国足协选择这里做训练中心，并且如此布置肯定是煞费了一番心机。从克莱枫丹出来，到最近的小城也有15千米的距离，如果自己没有车几乎是不可能走出克莱枫丹的。每一次国脚训练，都有豪车纷至沓来，不过，这里毕竟不比俱乐部，由于大多数国脚都效力国外的豪门，自然没法把自己的车开过来。于是，更多的是出租车，法国足协承担出租车费的报销。不过，就连叫出租车也不是很容易，尤其是这些球员能够获得自由的时间常常是晚上，就连出租车都不愿意跑到这么偏远的地方来。

然而，这样闭塞的环境却是最理想的训练基地。除了正常的训练，剩下的就只有健身、桑拿、网球和乒乓球等各种娱乐活动。当然了，像城里一样的夜生活是不可能的。"这是不是1998年法国队夺冠的一个秘密呢？"笔者曾经问过训练基地经理克伦比先生，他会意地挤了一下眼睛，意味深长，笑而不语。

为了保证训练活动不受干扰，训练中心还制定了一系列规章制度。新闻记者显然在不受欢迎之列。在停车场，笔者遇到了一个叫做彻瓦利耶的基地教练，双方谈得很投机，不过，一知道笔者的记者身份，他立即缄口不语，声称一切要得到中心的特许。看来，对付无孔不入的记者，哪国足协都很挠头。

对于记者都戒备森严，球迷就更难进入了。每逢法国队入驻，克莱枫丹训练基地的门口必有警车戒备森严地守候在那里。只有百名左右申请到特许证的铁杆球迷才有机会到现场观看训练。进门很难，但只要进去了，他们就可以轻松地得到喜欢球星的签名或者是合影。结束训练的球星很少会拒绝球迷的好意，没有人例外。

赶上法国队训练或者是比赛，常常会搭设一个临时的帐篷作为新闻中心。历届法国队主帅都很少接受采访，队员同样如此，克莱枫丹基地按照教练组的要求干脆在新闻中心根据当时的热点问题决定举行新闻发布会或者是媒体见面会，尽可能地避免记者的骚扰。在这样的场合，提供赞助的法国电视台经常是优待的重点。

在克莱枫丹，空气中都是一种青草和树叶的味道，自然极了，也偏远极了。如果你有一种道家的归隐情怀那是再合适不过了，不过如果你突然起了凡心，想去泡吧什么的，或者是找朋友聊天都是不可能的。除非你有车，而在这里集训的队员是没有开车来的，他们的交通工具简单划一，就是指定的大巴。这一点，看一看停车场就知道了。

从地理环境到人文环境，克莱枫丹简直有点与世隔绝的感觉，除了你还有上网的自由，在这个虚拟的空间里随心所欲地交流。每一次来到克莱枫丹，笔者都会觉得这里就像一座集中营。和铁丝网围起来的集中营不一样的是，这里用森林来为训练加氧，围起来的是一个集训的天堂，经过汗水的洗礼，出来以后的都是球场上的天使。

这里有一幢庄园式建筑，名字就叫作"法国队公寓"。国家足球训练中心的铜牌也挂在那里。这是整个克莱枫丹基地的标志性建筑，是法国足协花费巨资在1982年从著名银行家安德雷—拉扎家族买下来的。1985年的时候，开始用协会在前几届世界杯和欧洲杯上的盈余进行大型整修，用每天都把自己的宝马越野车停在庄园前的负责人博克的话说："一切都是为了吻合足球的需要。"

"克莱枫丹，真是法国队的'家'！"正式落成以后，普拉蒂尼不止一次发出这样的感慨。有趣的是，这个"家"里，有块最好的草坪，就叫做"米歇尔·普拉蒂尼球场"，专门纪念这位法国队的灵魂球星和主教练。当然了，这块高标准的草坪是专门给法国队的训练和比赛准备的。

走进法国队公寓的大门，是一个小小的沙龙，里面有一个乒乓球案子，后面的楼梯上挂着一块告示板，写着一天的活动安排，一般是几点起床，几点训练，几点吃饭，或者是几点自由活动。再往里走，是一个茶座式的大厅，十几张沙发摆放得不拘一格。里面还有一个吧台，是举行鸡尾酒会的地方。每次世界杯或者欧洲杯之前的集训，法国政要或者赞助商们看望球员，就是在这里举行欢迎仪式。

值得一提的是这里的待遇，就算称不上豪华，但起码算得上是一流的。更衣室在楼下，没有什么特别的地方，但是比较宽大，每个人都有一个固定的位置。更衣室的旁边是两间桑拿房和按摩室，法国队的队医弗雷就在那里对每个球员的身体情况做出判断和治疗，这里也经常有著名的按摩师来客串一下。

房间的硬件设施并不出色，条件和中国的四星级酒店相仿，有单独的洗澡间和电话。床是双人的，不过，队员没有留宿任何人的权利。甚至就连接待亲属或者会客，也要在公寓之外进行。像齐达内或者是亨利这样的大牌球星也没有特权，好在，他们都很习惯了。

在没有法国队集训的时候，这里像宾馆一样对外开放。这里没有电梯，楼梯很狭窄，这是几百年的老建筑没法改变的地方，不过，却因此而充满了贵族气。据中心负责人克伦比介绍，一般来说只有国家队才有资格住进来，至于价格，一般来说每人每天仅仅食宿和场地费就要250欧元，折合人民币就要2000多元了，并不算一个小数字。

虽然有点贵，但是很多习惯这里的元老甚至都再也不愿意离开。从雅凯时代一直到现在始终都担任法国队新闻官的图农就这么说："就算不说是对这块地方产生了感情的话，那么，很难解释所有在这里工作的人都不愿意再离开了。就连普拉蒂尼也不例外，他也想留在这里，可惜他不再做教练了，而且地位越来越高。我觉得，法国队能够安扎在这里是一个最大的幸运。"

当笔者向图农这个前《队报》的同行问起这里的故事的时候，他兴奋地指着一进门就可以见到的已经有些斑驳的纪念碑、纪念雕塑，说最难忘的记忆还是要属1998年夺得世界杯冠军，当时雅凯特别向法国的训练营致意，尤其是克莱枫丹训练营。很多人还记得当年的动人情景：杜加里在齐达内的怀里痛哭流涕，亨利快乐得不停地乱跳，雅凯说，这次成功首先就是法国训练营的成功，是克莱枫丹的成功。

雅凯一直认为人才培养是法国足球比其他国家优越之处。自从1998年卸任以后担任足协技术委员会负责人起一直到退休，他的办公室一直都留在克莱枫丹。四年前，这位功勋教练在他二楼的办公室接受笔者专访时还特别指出："法国的足球成功是人才培养上的成功，中国最缺乏的不是苗子，而是培养的基地，只要基地建设成为体系，中国足球的腾飞只是时间的问题。"

克莱枫丹不但是直接负责各级国家队管理的法国足协技术管理中心（DTN）的驻地，也是法国国家足球学院（INF）的驻地，这个所谓的足球学院也就是我们常说的克莱枫丹训练营。

基地是1976年由当时的足协主席萨斯特发起建立的，1988年，密特朗总统为在这里设立的足协技术管理委员会剪了彩。值得较真的是，这里不但是培养出亨利、阿内尔卡、萨哈、克里斯坦瓦尔等球星的那个叫作克莱枫丹训练营的青少年培训基地，同时，也是女足和各级国家青年队的训练基地。

克莱枫丹训练营的青少年足球培养共分为三个队伍，按照从13岁到19岁的年龄分成三个班，每一个年龄组一个班，每一个班有24人。这24人是每一年从700多名候选人中挑出来的。挑选的过程是严格的，法国一向以平等自居，不过，在克莱枫丹训练营，法国人优先是一个原则，因为，这里也是法国队的人才基地。身体素质是入选的基本前提，因此，来到克莱枫丹训练营不再在这个方面接受特别的加强，到这里主要的目的是接受扎实的技术培训，之后，将回到俱乐部开始职业生涯。

这所特殊的足球学校首先还是一所学校，尽管这些被选中的孩子一只脚已经踏向了明星之路。他们每天将生活在一起，和其他同龄人不同，过着一种特殊的集体的生活。在其他学校，所有的学生都有畅所欲言的权利，老师在课堂上被打断是正常的事，但是在克莱枫丹，是绝对不允许的，这里有点半军事化的意味。教练的讲话具有绝对的权威。至于教练对待孩子的态度，就像一个老母鸡对待自己的小鸡崽。

　　培训中心负责人博克说，在训练营的教练中，执教第三年的安德雷·梅莱尔是最凶的一个，但也是最受爱戴的一个。关于梅莱尔的话题很多，比如，他经常会问一个孩子："你叫什么名字？"这句话有两层意思，一是这个孩子引起了他的注意，一是他真的忘了，在他的大脑里记得的是所有孩子的特点，对他来说，名字似乎并没有格外重要的含义。

　　这是一个不可多得的足球专家，他不会说谎，对于那些他认为没有天赋的球员，他甚至直截了当地告诉家长。家长当然不会相信，他们常常会坚持下去。不过，梅莱尔至今为止还从来都没走眼过。这个很凶的教练却几乎赢得了自己所有学生的爱戴，最不擅长说恭维话的两个法国前锋帕潘和阿内尔卡就都是梅莱尔的爱徒，两人对于梅莱尔都是赞不绝口。

　　在这里训练的孩子很多。当谈到自己的未来，他们一个个都充满信心，像几年之后他们就会成为亨利、阿内尔卡或者本泽马了。不过，现实是残酷的，按照梅莱尔的经验："其实，就算是在这样一个超一流的训练营，到最后也只有25%的机会成为一名甲级队的职业球员。亨利，毕竟只有一个。"

　　不过，能来到这里他们已经感到了骄傲。起码，附近路易巴斯坎中学的女孩都把他们当成白马王子。法国毕竟是一个浪漫的国家，赢得女孩在这些未来的足球明星看来也是一场比赛。他们常常是赢家。他们之间议论的话题除了足球之外恐怕就只有女孩了。最常听到的就是这些年纪尚小的孩子们说的"你的女朋友屁股太小或者是胸部太平"之类的调笑了。

克莱枫丹不光是培养球星，同样培养教练。在这里举行教练讲习班是司空见惯的事情。而且，最起码的是，在法国当教练是需要文凭的。教练文凭相当于教练执照，而考取这个执照的地方就是克莱枫丹。当时在法甲风云一时的摩纳哥主教练德尚很长时间都没有这个文凭，好在，他执教的第一个俱乐部很特殊，位于摩纳哥公国，在法国本土，就算是世界冠军的队长也是没有这个权利的。所以，从尤文图斯辞职之后，他先规规矩矩地考过了这个文凭，然后才担任了马赛队和法国队的主教练。

克莱枫丹基地总占地56万平方米，共有8万平方米的不冻草坪，7个足球场，1个健美中心，5个宾馆式的接待中心，床位达到440个，1个设施完备的医疗中心，1个文档和数据中心以及1个大型会议室。基地同时开展各种培训、会议、训练等多项服务，主要集中在足球和足球相关的行业。阿迪达斯公司曾经赞助过中国女足来这里训练，一切都按照法国队的标准，当时基地的法国人都感叹："中国人可真有气魄！"

中国队上上下下对于基地的设施和生活还是十分满意的。

谈到训练条件，当时的主教练马良行骄傲地说："这里是世界最好的训练基地之一，总的来说，有点像中国的香河。设施的安排比较合理，健身房等应有尽有，尤其是更衣室设计得非常好，脏衣服和袜子、球鞋之类都脱在这里，保证了房间里的休息环境。"

由于更衣室里每个座位上都写着1998年世界杯法国队功臣的名字，女足队员根据自己的喜好分别选择了位置和房间。而马良行，当然要找雅凯的老地方，当时的基地给他的解释是，这位当年法国队主帅住的反而不知道是哪一间了。其实，无论雅凯还是德尚，他们住的一直是15号房间。不过，那里一直都是法国队教练组的驻地，因此是不对外开放的。

至于吃，谈不上什么美食，但是一定很精致。那是一个大食堂，每餐可以提供550份饭菜，住在那里的各级青年队队员和教练都在那里吃饭。餐饮的营养搭配非常合理，花样也很多，笑容可掬的大师傅生怕满足不了你的要求。酒水也是随意的，不过，除了那些看起来超过40岁的教练，年轻人几乎是没有贪杯的。当然了，法国国家队不在这里，他们有一个专门的小餐厅，厨师和菜单都是单独的。

瑞典、德国和日本等国家队都把这里当作集训的好地方，他们觉得这里的专业条件是绝对一流的。值得一提的是，中国队前主教练米卢在带队尼日利亚的时候也把这里当成风水宝地。当然了，来这里最多的还是法国的甲级队。很多俱乐部来巴黎打客场都会把这里作为首选的基地，摩纳哥队每次都提前开拔到这里进行训练。还有在国外执教的法国教练，比如路易斯·费尔南德斯在执教毕尔巴鄂的时候就经常把球队拉到这里做一个集训。

第二章　1897—1944年：
法国足球的草莽年代

史前岁月

　　世界杯当然要从1930年说起。但是，在第一届世界杯的26年前，国际足联已经成立了，而这项迄今为止最让我们兴奋的赛事从那时起就已经开始酝酿了。说到法国队，真正的建立也是在那一年，他们在第一场比赛中是客场挑战当时的劲旅比利时队，所以，1904年，也被公认为法国队的诞辰。

　　不过，在这个官方的诞辰之前，法国队已经开始以各种形式存在了。至于法国足球，历史就可以追溯得更久了。更久是多久呢？

当然没有多久，就算是现代足球的历史有多么长久呢？说到现代足球，当然要从英国说起。如果回到一百年之前，不光是足球，恐怕一切运动项目都离不开英国。那时候，影响力遍及五大洲的大不列颠王国被称为"日不落帝国"，他们不光在政治、经济和军事上给我们的星球带来了现代文明的洗礼，同时，为了这个星球上的日子，至少是为了他们的子民不至于太寂寞，他们一下子发明和推广了若干的体育项目。直到今天，我们都要感谢这个国家，如果没有他们的发明，如果没有他们的普及，我们今天的生活中会减少多少快乐的内容。

作为英国的传统对头，法国人当然不会甘于寂寞。就算是百年战争划上了一个句号，两个民族也从来都没有衷心地握手言和，甚至一直到现在都是如此。不过，回到一百年前，就连法国人也承认大英帝国在欧洲乃至世界范围内的统治地位，当然，仅仅是在体育方面了。法国人和德国人都认为自己相比之下在科学和工业上拥有更高的成就，但是唯独体育方面，他们一致承认英国人的优势。

没错，在18世纪末19世纪初，英国人在体育上的统治地位几乎是毫无争议的。足球当然也不例外，甚至，在当时更流行的橄榄球的比赛上，法国和德国都可以与之媲美，而足球就可以称得上是英国最有代表性的项目了。英国的军队把足球带到了世界各地的殖民地，比如南非和澳大利亚，而在欧洲这块古老大陆上，他们靠的则不是这样简单粗暴的方式。

在欧洲大陆上，哪一个国家的足球开始得最早呢？答案是比利时，这个除了法国之外，距离英国最近的欧洲本土国家，最早打开了自己的大门。和英国隔海相望的安特卫普港首先成了足球在欧洲的门户，1880年，安特卫普俱乐部成立，接着，1908年，布鲁塞尔市的安德莱赫特俱乐部成立，这两家俱乐部迄今仍然风生水起的。接下来，比利时的足球联赛就应运而生了。

不得不承认，当英国和比利时的足球比赛已经如火如荼的时候，法国人还处在萌芽阶段。熟读法国历史的人都知道，法国人善于想象，他们天生就有很多乌托邦的念头。不，不仅是乌托邦，这个世界上很多的主意都是从他们开始的，很多政治和体育机构都是他们建立的，至于各种比赛更是他们的长项，这些机构和比赛后来已经成了我们生存的世界的重要组成部分。

盖兰创建了国际足联

说到这儿，我们不能不提到1894年顾拜旦创办的国际奥委会，还有1900年布雷耶（BREYER）创建的国际自行车联盟，在当时的法国，自行车就像英国的马术一样，已经是一项流行的运动了。而回到本书的主题上，虽然法国足球协会要一直难产到1919年才出世，但是在此前，让我们记住法国人盖兰（ROBERT GUERIN），1904年5月21日，他发起创建了国际足联，并担任了第一任主席。

当时国际足联的总部就设在巴黎距离香榭丽舍大街不远的圣特诺雷（SAINT HONORE）大街229号，这里是巴黎最著名的时尚品牌的汇聚地，也是各大协会和领馆扎堆的地方，美国领事馆和国际汽联迄今还留在那个街区。除了盖兰背后的法国之外，当时的发起国还有荷兰和比利时，创始国则包括丹麦、西班牙、瑞典和瑞士。注意，这里没有英国！但是，国际足联创建之初就确定的一个条款却是针对英国拟定的，这个条款堵住了英国另外再创设一个相仿机构的可能："国际足联是唯一有权举办世界性赛事的机构。"

英国的反应可想而知，一个属于大英帝国的传统体育项目的国际组织的建立，不是由一个英国人担任主席，这几乎是英国人所无法接受的。因为这个缘故，一直到1906年英国人伍尔福尔（WOOLFALL）取代了盖兰的主席位置之后，英国的各足协才加入到了国际足联的怀抱。这也几乎是一个顺理成章的事情，毕竟，英国的足球在当时完全和其他国家不在一个层次上。至于法国的足球和英国几乎无法相提并论，一边是业余，一边是职业，两国直到1913年才有第一次比赛，比赛结果自然也不会有什么惊喜：1∶4。

对于法国足球而言，那真的是一个步履维艰的年代，也可以说是一个史诗般的英雄年代。那时候，在法国流行的是橄榄球，而不是足球。更准确地说，在漫长的时间中，法国还没有真正的足球。就像比利时一样，从1872年到1880年期间，足球开始在诺曼底登陆。而直到1897年才有第一个法国足球俱乐部创建，那就是巴黎红星队（RED STAR）。这个俱乐部的主席开始着手像比利时一样建立全国的联赛，而这个联赛就以他的名字命名：玛尼埃（MANIER）。

而不久之后创建了国际足联的盖兰，则在1898年创建了法国学生足球联赛，正是这项比赛发现了一个法国足球历史上的强人阿诺（GABRIEL HANOT，1889—1968年），这个在联赛中脱颖而出的新星随后入选了法国队，退役后短暂地带领过国家队，随后成了法国《队报》的记者，并且在供职这家报纸的时候发起了冠军杯的比赛和金球奖的评选。

说到这里，不能不提到一个有趣的规定。在1897年创建的玛尼埃联赛上，要求每支队伍必须有8名法国人，尤其是队长，必须由法国人来担任。这当然是为了限制外籍雇佣军，但是，当时不是限制巴西或者阿根廷的球星，而是限制穿过芒什海峡的英国人，他们的球技比法国人整体要高出一筹。

那可真的是一个英雄层出不穷的黄金时代！俱乐部可以随便创建，联赛可以随便创建，并且用自己的名字命名，就连国际足联这样后来越来越充满权力斗争的组织也就是那么异想天开地创建了。这样的无序性自然也体现在球场上，那是一个没有规则，或者说规则还在完善的时代。谁能想象，一个球员可以在比赛当中赌气离开球场，可以拒绝裁判的命令？在最初的赛季，对于这样的一切都不要感到吃惊，直到1899年，混乱状态才渐渐改善，联赛也开始步入规范。

战时，足球也没有停歇

那时候，在普通法国人心目中更为重要的也是橄榄球，因为法国橄榄球队可以和英格兰队、德国队抗衡。而足球呢？虽然在巴黎之外，外省也开始纷纷创建了不同的俱乐部，但是，法国国家队还都是由业余球员组成的。更重要的是，当时甚至没有一个权威的组织来负责筹备法国队。当时的法国田联（USFSA）负责所有的体育项目，其中也包括足球，但他们关注的是橄榄球队，直到1904年的一场比赛，才改变了法国足球队的形象。

那是1904年5月1日，法国队客场对比利时队。这也是法国队历史上第一场正式比赛。布鲁塞尔并不遥远，法国队一行从巴黎北站出发，不顾旅途的疲惫，凭借不懈的努力和对方3：3握手言和。在当时，比利时可是一个不折不扣的足球大国，这个成绩则是一个不折不扣的奇迹！此后，近邻比利时队也成了法国队历史上交战最多的对手，总计有70场，占了法国队创建至今所有比赛的十分之一还多。

1905年，在巴黎王子公园球场，法国队获得了第一场胜利，对手是紧紧排在比利时队之后，另外一个随后有多次交锋的近邻瑞士队。有趣的是，当时的国际足联主席盖兰还充当着法国队领队的角色，而且，他还兼任着《晨报》（MATIN）的记者！做记者的同时，还可以成为国际足球和法国足球的领袖，这样的身份现在真的无法想象，不过回到当年，盖兰不是唯一一个，在他之后，阿诺取得了更光辉的成就。

1907年，法国队获得了第一个客场胜利，对手仍然是比利时队。1908年，法国队开始穿上蓝色队袍，这也是被舆论和媒体称为"蓝军"的开端。不过，这个开端并不完美，在当年的奥运会上，法国队被丹麦队打了个17：1，创造了法国队被进球最多的一个纪录。1910年, "雄鸡"这个标志开始出现在法国队队服的胸前,并且正式成了法国队的吉祥物。遗憾的是,这只雄鸡并没有带来吉祥,法国队继续停留在从失败走向失败的下跌轨迹,直到1914年主场5:4战胜卢森堡队才改变了窘局。

在那个年代的法国,足球不像在英国、比利时、荷兰、奥地利和德国那样,是一个全民性的运动。但是,这项运动已经越来越普及了,法国队的转折点也似乎来到了。然而,比这个转折点来得更早的,是第一次世界大战。在第一次世界大战之前的三年,法国队的总成绩是14场比赛,7胜2平5负,已然开始看见曙光了。

第一次世界大战之前,在整个欧洲范围之内,足球这项运动的普及和影响都远远逊色于橄榄球。但是1918年第一次世界大战结束之后,这种状况突然改变了。由于英军的提倡,足球在法国军营中也开始流行。于是,足球随着一战的胜利一下子就成了全国性的运动了。所以,1914—1918年这5年的战争,并没有毁掉足球,反而让法国足球完成了自己艰难的转身。

就算抛开足球本身的魅力,这样的改变还可以从法国的民族情结上找到解释。1870年普法战争失败之后,法国人不光丢掉了洛林地区,同时,也丢掉了足球在这个国家发展的机会,因为那时,德国人更喜欢橄榄球。所以,足球顶替橄榄球成为新的流行运动，也可以说是法国人表达忘记那场耻辱战争的一种方式。

一直到1905年，这个喜欢发起各种国际组织的国家里还没有一个属于自己的足球协会呢！一切运动项目都隶属于统管所有体育项目的法国田联。而在这个组织中，橄榄球队却始终占据着更重要的地位。于是，在1905年法国政教分开之际有法国天主教协会背景的法国足球协会（CFI）就诞生了。这个协会的历史可以追溯到1898年，但是直到第一次世界大战之后才真正可以和法国田联比肩。后来，法国足球协会成了国际足联的会员，并在1919年改组为现在的法国足球协会。一年之后，法国橄榄球协会才告成立。

如前所述，实际上，足球的发展并没有因为战争而停步。在战争还没有结束的时候，1917年1月15日，法国杯已经开始举办了。当时还在前线参战的红星队的创始人雷米特（JULES RIMET）专门发电报督促球队参赛。不久，雷米特成了法国足协的主席，并且成了世界杯的创始人和国际足联的第三任主席。

战时阶段，这场共有48个球队参加的杯赛举办得并不容易。在1918年5月8日巴黎15区举办的决赛上，观众大多是军人，这并不奇怪，各个球队中的大部分球员也都是军人。作为决赛队伍之一FC里昂的守门员穆蒂（MUTTI）因为要参加部队的反击，甚至不得不缺席了这场比赛。结果，潘坦（PANTIN）以3：0的比分捧得了第一届法国杯。

雷米特，世界杯之父

第一次世界大战，法国有140万人丧生，而在全世界的范围，这个数字还要扩大7倍。当时的法国队球员中，就有16名上前线的国脚没有等到战争结束的消息。不过，幸运的是，足球并没有因为战争造成的牺牲而停顿。经过第一次世界大战时期的酝酿，战后的11年甚至迎来了一个疯狂的时代。从那时起，法国足协正式成立了，并且拥有了3万名注册会员和1200个俱乐部，自然而然，法国杯也开始迎来了前所未有的成功。当时的共和国总统卢贝（LOUBET）亲临颁奖，这个传说保持至今。

在1918—1919年的法国杯上，总共有48个球队，在1919—1920年的法国杯上，队伍扩大到了64个。在同一年，法国队也给了所有球迷一个惊喜，面对当时欧洲最强大的球队之一，也是法国队1904年的第一个对手——比利时队，法国队获得了和1904年一样的结果：2：2战平。这也是阿诺作为法国队队员最后一次在国家队效力，他为法国队打进了两个球。此后，他成了一名《汽车报》（AUTO）的记者，这张报纸就是法国《队报》的前身。

虽然一切都看起来很美，但是法国队实际上的脆弱仍然是一个无法回避的现实。不光英格兰队和丹麦队这样的欧洲强队可以随意宰割它，就连荷兰队（8∶1，1923年）、意大利队（9∶4，1920年）、匈牙利队（13∶1，1927年）和西班牙队（8∶1，1929年）都可以大比分地击败法国队。这样的比分差距显然过于悬殊，显然并不能够代表法国和这些国家的差距。那么，问题出在哪儿呢？

不必用历史的眼光来穿越，就连当时的圈外人都很清楚，法国队还没有实现职业化。由于所有的球员都是业余球员，他们能否参加国家队的比赛，要看是否可以请到假以及是否可以得到适当的报酬。那时候，法国队的队员没有任何的收入，只能报销往返的车票和医疗费，为此，很多队员甚至不得不开出了拐杖这样的名目来混得1500法郎的上限医疗补偿。在足球的世界里，我们不要虚伪，金钱自始至终都是一个必须面对的问题。

对不起，这个问题直到20世纪30年代才渐渐解决！我们还是重新回到第一次世界大后百废待兴的法国，那时还是有很多新的变化让当时的法国人尤其是法国球迷感到兴奋。首先，是足球通过奥运会成了一项世界性的运动，自然而然在法国的地位也就更加巩固了。其次，法国人虽然没有在球场上成为欧洲强国之一，但是，一位法国人却重新成了国际足联的掌门人。

这个人就是雷米特，当时的法国足协主席。在1920年，47岁的雷米特接替两年前去世的英国人伍尔福尔，成为国际足联的第三任主席，也是继创始人盖兰之后的第二个法国主席。我们不能不提到他，并不仅仅是因为他的法国人的身份，而是他在任职国际足联主席期间，经过努力，他将一项伟大的梦想付诸实践，这个梦想，就是我们今天的世界杯。

雷米特创办了世界杯，这一点恐怕没有争议。不过，实际的发起人其实不是雷米特，而是德劳内（HENRI DELAUNAY），他是雷米特的老搭档。和雷米特一样，德劳内是法国足球界乃至于世界足球界的另外一个巨人。雷米特创办红星俱乐部的时候，德劳内效力于一家叫作两湖之星的球队，随后成为裁判，再随后就成了法国足协的秘书长，也就是雷米特的助手。雷米特担任国际足联主席之后，德劳内也自然而然地来到了国际足联，职务仍然是秘书长。

实际上，世界杯的计划并不是德劳内或者雷米特最初想到的。盖兰在创办国际足联的时候，就一直有这样的野心，只是那时候，国际足联还没有足够的影响力，各国国家队也仍然处于一种无序的混乱状态，一句话，当时的条件还不具备。但是经历了1920年和1924年两届奥运会的推广之后，足球已然成为全世界的普及运动。然而，奥运会强调个人竞技运动的传统以及不允许职业运动员参赛的规定使得已经渐趋成熟的各国国家队的优秀球员英雄无用武之地。于是，酝酿了25年之后，世界杯的计划终于迎来了落地生根的契机。

1927年，德劳内正式提出了世界杯的举办计划，并且提交给国际足联的执行委员会。当时，这并不是唯一的一个计划，却是最务实和权威的一个计划。原则很简单，共有三项：第一，四年一届；第二，比赛通过淘汰的方式进行；第三，参加国家为国际足联的会员国。1928年5月5日，在雷米特的支持下，这项提案获得了通过。随后，就是举办国的选择。1929年，作为当时最强大的足球国家，乌拉圭以庆祝独立100周年的理由获得了主办权。

当法国人在国际舞台上挥斥方遒的时候，法国队在球场上却并没有这么光辉，甚至黯淡得让球迷无法接受。那是怎样的一个时代啊！1925年，当法国队在都灵被意大利队7：0横扫的时候，一个叫作斯坦帕（STAMPA）的城市的市长感到特别耻辱，于是命令收回所有印有这场比赛结果的报纸……

幸好，在这个年代，法国杯以及法国联赛分别赢得了新生。不过，就像这个自欺欺人的市长一样，当时的比赛也是无奇不有。很多场次因为球员的迟到而推迟，而很多比赛不是演奏国歌或者队歌，而是各种流行音乐，至于国旗，似乎始终都被组织者有意地忘记了。

和平的意义

这个世界从来都经不住寂寞，战争的风波刚刚平静，经济危机的脚步就接近了。1929年，空前绝后的股市危机席卷了整个星球。那是一个多么凋敝的时代啊！不过，就算在那样的绝望之中，大家还是在足球上找到了希望。对，起码是足球，仍然保持着自己前行的姿态。就算是位于经济大衰退的时间震中的1930年，也举行了第一届世界杯。

这届世界杯并不尽善尽美，却绝对称得上是一次成功的比赛。由于旅途的漫长，加上费用的局促，当时的大多数欧洲球队都选择了放弃参加。欧洲球队总计只剩4支，比利时队、法国队、罗马尼亚队和南斯拉夫队。除了法国之外的其他三个国家都获得了国王的支持，在法国没有这样的优待，但是，他们有一个无所不能的足协主席雷米特。那时候，法国队的所有队员都是业余球员，他们能够有这么长时间的假期需要得到雇主的认可，为此，雷米特几乎动用了自己所有的关系，最终让法国队所有队员和其他欧洲球队分道乘船赶到了乌拉圭。

在长达两周的旅途中，法国人甚至专门发明了船上锻炼的办法，这也使得法国队虽然经过长途跋涉，却保持着充沛的体力。正好，这届世界杯的首场比赛就是从法国队开始的，准确地说，是从法国队的开门红开始的。在蒙得维的亚，法国队4：1击败了墨西哥队，洛朗（LUCIEN LAURENT）打进了本届世界杯的第一个进球。这是一个平常的进球，就连当时的报纸都很少特别提及，但是在世界杯的历史上，洛朗却因此永远地留下了自己的名字。

万事开头难，然而，对于法国队来说，从第一届世界杯开始就是相反的。事实上以后也是如此，法国队常常在好的开头之后就给你一个意外，或者是在一个糟糕的开端之后给你一个惊喜。必须承认的是，法国队乘坐着轮船长途跋涉到了乌拉圭，要适应时差和风格不同的饮食，因此，遭遇到当地球队几乎没有任何优势，何况，他们遇到的，又都是南美的一流球队。结果，在小组赛的后两场，法国队以0：1的同样比分败给了阿根廷队和智利队，从而迅速地结束了自己的第一次世界杯之旅。

而东道主乌拉圭，这个当时只有200万人的小国，则凭借这个比赛赢得了全世界的关注。对他们而言，比世界范围的影响更重要的是，在自己的大陆上，领先了巴西和阿根廷这两个大国。没错，仅仅从这个意义而言，这次彻头彻尾由法国人雷米特发起和组织的比赛，不但是法国人的骄傲，也绝对可以称得上是乌拉圭人的骄傲了。

不过，就像法国队在世界杯上的勉强表现一样，法国足球本身却实在缺乏骄傲的资本了。由于在职业化推进上的落伍，法国队不仅远远落后于奥地利、匈牙利、捷克斯洛伐克、罗马尼亚和西班牙等传统欧洲国家，还落后于阿根廷、加拿大和美国等新大陆的国家，更不用说当时的确是"日不落帝国"的英国了。

法国人并不是没有做职业化方面的尝试，但是直到1930年才真正获得通过。当时的决定是给职业球员限定每月最高1500法郎的月薪，设定上限当然不是初衷，这个规定的意义在于，球员终于可以凭借踢球来谋生了。做出这个提案的是当时已经成为《队报》记者的前国脚阿诺，注意，阿诺也是法国足协的铁腕人物之一。这个提案很快获得了法国足协的通过。

球员职业化之后，职业化联赛也随之展开了。法国标致汽车集团大本营所在地索肖向法国足协提出了举办标致杯职业联赛的建议，其中提出了共有8个职业俱乐部参加的主客场制联赛的构想。1931年，法国足协通过了这个计划，而不出意料，在1932年第一届标致杯决赛中，索肖6∶1横扫里尔获得了冠军。同一年，一个汇聚了20个球队的真正的法国职业联赛开始了。

虽然国内联赛迎来了春天，但是，国家队却始终都处于冬天的严寒之中。1933年2月12日，在家门口迎战当时世界上最强的球队之一奥地利队，法国队居然不得不派上了4个新人，结果，被打了一个4∶0。第二年就是在意大利举行的第二届世界杯了。法国队还在寻找自己的打法，但在寻找中陷入迷途。

毫无疑问的是，法国职业联赛的水涨船高最终让法国国家队受益。在这个年代，法国队最光辉的一场比赛莫过于备战意大利世界杯前和荷兰队的一场热身赛了。那是在阿姆斯特丹，法国球迷专程包了火车前往助威，他们没有失望。那是怎样一支快意江湖的荷兰队，在和法国队比赛之前的三场比赛中，他们打进了18球。对法国队时这样的势头同样没有改变，在短短的12分钟内就灌进了3球，3∶0！

没有人想到法国队会扳平比分进而赶超。而法国队做到了这一点，先是斯特拉斯堡的凯勒（KELLER）为法国队打入首球，接着鲁昂的尼古拉斯（NICOLAS）连下两城为法国队扳平了比分，在主队32分钟重新超出之后仅7分钟，马赛的阿尔扎尔（ALCAZAR）再次扳平比分，而让人意想不到的是，第76分钟，尼古拉斯打进了自己本场的第3球，并且以5∶4的比分锁定了胜局。这是法国队历史上反败为胜的最经典一战。在此之前，正是凭借尼古拉斯在卢森堡的4个进球，法国队拿到了世界杯的入场券。

看起来，法国队在1934年的世界杯上已经进入了自己最好的状态。不过，和第一届世界杯相反，这届绝大多数欧洲国家参赛的世界杯却并不是足球这项运动最好的舞台，而是墨索里尼统率下的"法西斯"意大利的政治窗口。墨索里尼需要告诉世界，他们有一流的场馆，从名字就可以想象这些场馆的气氛了：罗马的叫"法西斯政党"球场，都灵的干脆叫墨索里尼球场……墨索里尼还需要意大利国家队获得冠军，为此，这届世界杯中的裁判不公几乎司空见惯，而且毫无例外地倾向于"法西斯"国家一边。

可想而知，这不是属于法国人的世界杯，最起码，运气始终都没有驻留在法国这一边。这次世界杯采用直接淘汰制，不凑巧的是，他们在八分之一决赛中就遭遇了当时最强的球队之一奥地利队。1933年，这支球队曾经在巴黎轻松打败法国队，而这次地点换成了都灵，在法国队艰苦卓绝的努力下，奥地利队其实并没有明显的优势，90分钟的比赛以1∶1告终。在加时赛上，不公平的一幕出现了，奥地利队一个明显的越位球竟然被判有效，法国队最终以2∶3委屈地退出了这场角逐。

虽然输掉了比赛，但是法国队的表现却赢得了一致的好评。当时的《汽车报》特派记者莫里斯在自己的文章中这样写道："对于我来说，这是法国队第一次从实力上站到了世界一流球队的行列，这11个球员不再是11个个体，而是一个齐心协力的整体。"

如果说和奥地利队的比赛尚且称得上虽败犹荣，那么，意大利世界杯之后的法国队重新走了下坡路，比如和德国队的两场比赛，都以3球之差落败（1935年3∶0，1938年6∶3）。

幸好，法国队偶尔也赢一两场比赛，比如1936年2∶1战胜了奥地利队，报了世界杯上被淘汰的一箭之仇，而且，总算可以找到一点点信心。而其实在那个年代，成绩似乎并不是大家最关注的焦点。比如1935年和德国队的比赛，1938年和意大利队的比赛，我们现在回忆起来的，恐怕只有当时"法西斯"统治下的德国和意大利纷纷向元首致意的情景了。那样一个时代中，就连马赛曲都唱得多么孤单和冷清。

和其他很多球队一样，法国队在战术上同样没有什么新意。经济危机连接着政治危机，在这样的动乱年代，保守好像是所有球队恪守的准则。在足球场上，一时之间，阿森纳赖以称霸英格兰3个赛季的"WM"防守反击打法极为盛行，而法国队尤其如此。事实上，除了巨星闪耀的岁月，法国队从本质上一直奉行着这样的打法，虽然有的时候稍稍逊色于更坚定这种打法的意大利队。比战术更为枯燥的是，球员们的表现同样机械，几乎找不到任何灵感。对于特别喜欢灵光闪现的法国人来说，那可真是一个贫瘠的年代。

不过，法国人总会在场外找到场内没有的机会。那是在1936年，国际足联决定把1938年世界杯的举办权交给法国。这实在不是什么意外，事实上，就连国际足联自己都毫不避讳，这个选择是为了感谢已经被称为"世界杯之父"的国际足联主席法国人雷米特为国际足球所做出的杰出贡献。

不过，如果抛开这个很绅士的解释，我们也可以找到国际足联更深层次的不得已：因为申办那一年比赛的除了法国之外，就只有德国了，而在"法西斯"意大利举办了1934年的世界杯之后，怎么能让"法西斯"的德国举行另一届呢？世界需要和平，当然需要一届和平的世界杯！于是，当其他欧洲国家在准备迫在眉睫的世界大战的时候，法国人开始筹备这项以和平为主题的世界杯了。

雷米特多次表示，法国举办这届世界杯不是想要到处插满法国的国旗，也不想向任何国家灌输任何主义，只是想要让足球还原成足球，并且以此表达对于战争的抵制和抗议。要知道，那时候日本已经悍然发动了侵华战争，而西班牙也爆发了内战。当时的媒体和舆论几乎完全是同一个口径，《汽车报》，也就是《队报》前身的头版文章这样写道："世界杯应该告诉世界，足球能够给人类带来信心，带来彼此之间的理解和友善。"

这次和平大会的世界杯，总共有15个国家参加，除了欧洲国家之外，还包括南美洲的古巴和巴西。法国的举办城市不仅仅是巴黎，还有兰斯、勒阿弗尔、图卢兹和波尔多等，用意很明显，法国要把世界杯变成一个全国性的节日。对，这是一个节日，甚至几乎没有任何人期待着法国队在这次世界杯中的成绩。原因不难理解，法国队还没有这样强大。另外，这也的确不是大家最热衷的层面。但是，在此之前，每一届世界杯都落户东道主，这一次为什么不能继续呢？

为了准备主场世界杯，法国足协特意把球队安排在了位于巴黎市郊的豪华的桑蒂利庄园集训了整整3周。这样的奢侈立竿见影。6月5日，在不久之前扩建的哥伦布球场的开幕战上，法国队首战碰到了老对手比利时队，这支老牌欧洲劲旅完全不在状态，结果被东道主法国队3∶1轻松淘汰。这次胜利之后，法国人开始期待自己的第一次捧杯了。

　　然而，这样的期待很快就落空了。法国队接下来碰上的是意大利队，同样是差不多一边倒的场面，只是挨打的对象换成了法国队。意大利人连进3球之后，最后时刻斯特拉斯堡的海塞勒（HEI SSERER）的进球为法国队挽回了一点颜面，3∶1的比分和前一场一样，只是输赢的方向是相反的。这并不是一个耻辱，因为意大利队最终成了本届世界杯的冠军。

　　担任国际足联主席的法国人雷米特向意大利队颁奖之后最终有点失望地反复指出了一点："这是第一次举办国没有获得冠军，而意大利则成了第一个蝉联世界杯的国家。"但不管怎么说，能够举办这样的比赛，尤其是这样以和平为主题的比赛，已经算是一个不小的成功了。就连雷米特后来都承认，如果晚一年的话，法国世界杯可能就无法举办了。是的，接下来，就是更漫长和更彻底的第二次世界大战了。为此，下一届世界杯，要耐心地等到1950年。

　　幸好，就算是法国沦陷时期，足球也并没有完全停止。虽然各国足协之间已经没有正常的联系，但是第二次世界大战期间，法国队还是举行了3场热身赛，对手分别是葡萄牙队、瑞士队和西班牙队。当然，比赛虽然举行了，但是却没有任何节日的味道，毕竟，那是一个"法西斯"横行的战争年代。直到

1944年9月，美军在诺曼底登陆之后，所有的噩梦都结束了。雷米特和法国队的队员和所有法国球迷一样，可以从酒窖里拿出香槟了。作为一个小结，在从1930年到1944年的总计68场比赛中，负34场、胜26场、平8场。作为一支在防守的"WM"和进攻的"424"之间摇摆以及在失望和希望之间摇摆的球队，这份账单并不算太差劲。

第三章 1944—1969年：
前所未有的光辉岁月

《队报》的足球天下

　　曾经像萨马兰奇改变国际奥委会一样改变了国际足联的法国人雷米特说过这样一句名言："太阳永远都会在足球上升起。"是的，就算是两次世界大战，都没有阻挡这项运动的蓬勃发展，甚至成了这项运动世界化的助力。就像第一次世界大战之后的蓬勃发展一样，第二次世界大战之后的十年，足球迎来了一个新的高潮。

这个高潮的涌现，首先要得益于世界杯的重要性，这项赛事在整个世界上的影响力是独一无二的。随着这项赛事的成功，国际足联也成为和国际奥委会一样举足轻重的世界性体育组织。为了纪念创建了这项赛事的主席雷米特，1946年的国际足联执委会专门把世界杯命名为雷米特杯（COUPE JULES RIMET），从此之后，雷米特有了一个新的殊荣："世界杯之父"。

这是法国人的光荣，但是，法国人的光荣还不仅限于此。在1958—1960年期间，欧洲杯被叫作德劳内杯。德劳内，这个世界杯的实际发起人，转过身筹建了欧洲杯，这似乎是再正常不过的事情了。不要忘了，就算是这个由法国足协以及国际足联的核心人物策划的比赛，也和一张报纸有关，这张报纸就是我们此前曾经提到过的法国《队报》。自始至终，在那个充满想象的年代里，《队报》显然并不仅仅是一张报纸，它也和法国足协甚至欧洲足联一样扮演着决定足球前途的一个重要角色。

时间回到20世纪50年代，这家当时位于巴黎北部蒙马特高地的报社不光是体育新闻的采编中心，也是足球圈内高朋满座的特殊会所。科帕等当时名满天下的球星每到比赛结束，总会到《队报》去吃饭、喝酒，并且讨论足球的天下。那时的《队报》不光是一份权威的报纸，还是一个开放的圆桌沙龙。主持这个沙龙的有前球员和主教练阿诺，还有创建冠军杯的费朗，他们的身份都已经不仅仅是一个媒体人了。

这里，笔者先说说阿诺，20世纪初披上了足球行业种种"马甲"的传奇人物。他的第一个"马甲"是职业球员，1908年，作为当时联赛最著名的鲁北（ROU BAIX）俱乐部的主力，19岁就第一次进入国家队，并在随后的6年中12次效力国家队，并且打进了3球。他参加的比赛并不多，不过要知道，那时候法国队的比赛少之又少，每年也不过就是3到5场而已。

结束职业球员生涯之后，阿诺频繁地更换职业，他研究过数学，做过飞行员，做过德语老师，做过走遍世界的旅行家。在这些几乎不搭边际却又各有建树的种种飘荡之后，最后，他又重新回到了他热衷的足球王国，并且成了一个公认的技术派的专家。在此期间，他以法国足协顾问的身份，兼任国家队主教练的职务。同时，他还进入了《队报》，成了这家报纸的一名记者。那可真是一段奇怪的历史，阿诺在指挥完自己的比赛之后，给报纸写自己的专栏，而他的专栏，总是报纸上最受欢迎的部分，甚至超过了那些职业记者的手笔。

　　主教练、记者、技术专家，这样的身份已经不算少了，而精力无限充沛的阿诺还要加上一项：社会活动家。1932年法国足球的职业化，就是他率先发起的，职业化的方案就是他一手起草的，而通过这项方案的法国足协，基本上都在他的掌控之中。随后，他还着手主持建立了法国足球的培训体系，正是通过他的挖掘，科帕才真正地走出矿井，成为影响一个时代的球星。

　　而让科帕格外感动的，不光是阿诺在球星选拔中对自己的提携，还有在《队报》的专栏上对于自己的格外理解。科帕直到21岁才进入法国国家队，此前没有参加过任何更年轻级别的法国队。这并不是科帕没有实力，而是那时科帕没有加入法国国籍，对于少年和青年的科帕来说，这是一个尴尬的现实。为此，阿诺在自己的文字中给出了另外的解释，科帕因伤错过了少年队和青年队。作为记者，阿诺这样做肯定难以称得上称职，但是作为一个长者，他对于一个后来者如此细微的关心却难能可贵。

　　那是一个阿诺长袖当风的时代。而对于他个人来说，最大的成就却不是这些星星点点的法国足球内部的事情，而是和费朗一起发起了影响整个欧洲的冠军杯。1955年，随着科帕领衔的兰斯等俱乐部的崛起，这伙哥们儿经过几番考虑，决意通过

《队报》创办了欧洲冠军杯。就像环法自行车是为了在没有比赛的7月份卖报纸一样，他们当时也有一个期待，就是在周中有一个好的选题，他们肯定没有想到，这个选题会一直做下去，而且成了欧洲乃至世界体育媒体必做的科目。

阿诺提出了很多想法，根据这些想法，阿诺志同道合的好朋友，当时还是一名记者的费朗手写了一份冠军杯的章程，迄今为止，里面的条款仍然是冠军杯的主要原则，而这个《队报》的老主编，迄今为止，仍然是每届欧洲杯决赛不可或缺的贵宾！在阿诺逝世之后，费朗曾经这样感慨："法国足球乃至欧洲足球能够有后来的发展，我不知道应该怎样感谢他！"

这个比赛创办之后，立即受到了几乎所有当时的豪门的欢迎，取得了超出想象的成功。1956年6月13日，第一届冠军杯决赛在王子公园球场举行，对垒的是当时两支名副其实的豪门，法国的兰斯和西班牙的皇家马德里，最终主队以3∶4败北。这场比赛的交战双方各有一位代表着那个时代的巨星，分别是法国的科帕和西班牙的迪斯蒂法诺，这两位对手在这场比赛之后就成了队友：1957年，科帕转会到了皇家马德里，并且成为三次冠军杯的功臣。

冠军杯的成功给《队报》带来更大的殊荣，但是，对于当时刚刚创办不久的欧洲足联来说，却带来了更多的妒忌和不快。不管法国《队报》的动机是什么，但是这样的比赛的操办已经动了欧洲足联的奶酪了。把这项比赛收归旗下也就成了欧洲足联的重要使命，他们没有打错算盘，和欧洲杯一样，冠军杯赛事始终都是欧洲足联的支柱。正是因为冠军杯的影响，如果从收入角度而言，欧洲足联的实力甚至远远超过了国际足联！

金球奖的前生

冠军杯如火如荼，这帮围聚在《队报》的哥们儿尝到了创造的快意，当然不会在这次试水的成功之后止步。想象力从来都没有国界，他们很快又发起了另外一项对于欧洲最佳球员的评选，也就是金球奖。这个评选后来历经改革，变成了世界最佳球员的评选，最终，也划进了另外一个足球权力机构——国际足联的势力范围。这是后话，我们暂时不提。当时的创办人除了那个通才阿诺之外，还有他的合作伙伴——意气风发的记者费朗（FERRAN），最主要的，当属富有眼光的报人戈德特（GODDET）。

笔者在《队报》工作的十多年时间中，直接参与采访了十几届金球奖的评选和颁奖。从戈德特等前辈创建这个奖项以来，对于这个奖项最有贡献的莫过于后来和普拉蒂尼一道筹办1998年世界杯的《队报》和《法国足球》总编辑埃尔诺了。和戈德特一样，埃尔诺也是一个出色的报人。他作为记者报道了30多年的世界杯和欧洲杯，随后长期担任《队报》和《法国足球》的总编辑。

埃尔诺担任《法国足球》总编辑期间，这本足球杂志已经成了世界上最为权威的专业媒体，被业内人士称为"足球圣经"。而在埃尔诺看来，归根到底，这本杂志的成功不仅在于内容的出色，而在于每年主办了金球奖这样一项影响全球足球的权威奖项。这个预言后来兑现了，在金球奖和国际足联的足球先生合并之后，《法国足球》杂志也从贵族沦落成了平民。

当时的原则很简单，整个《法国足球》编辑部的所有成员都会认真地选择3名球员，最后按照得分多少的原则，确定一个50人的名单。这个名单确定之后，将由评委进行打分。评委共有52名，是来自52个欧洲足联成员国的媒体记者，均由《法国足球》编辑部指定，基本上都是他们的特约记者。11月初的时候，这份名单终于诞生了。一个月之后，也就是圣诞前夕，一年一度的金球先生就将正式浮出水面。

虽然金球奖的评选从来都没有争议，但还是有人提出过这样的疑问：这个评选是否公平呢？名单的确定是否主观呢？

这就像有人对于诺贝尔奖的提名提出疑问一样。世界上最著名的品酒师美国人帕克品酒其实完全是主观的望闻喝尝，但是他打的分就成为了权威，因为他本人就是最大的权威。有很多时候，我们需要来自于某些人或者某个群体的最直接的体验。其实，这已经不重要了。重要的是，这项评选本身就是权威，成为所有球星的梦想。

金球奖从1956年创办到20世纪80年代末，曾经直接给球员带来巨大的利益，因为那时球员还没有现在这样恐怖的媒体效应，也没有现在这样天文数字一样的高收入。难能可贵的是，到了这个商业化的时代，金球奖仍然是所有足球运动员公认的世界上最重要的个人奖项。在得到金球奖之前，这些球星们已经是妇孺皆知了，他们的经济收入和前辈相比也呈几何系数上升，令人瞠目结舌。

不过，这项殊荣的不公在于，那些效力于欧洲联赛的外籍球员被剥夺了当选的权利，比如马拉多纳。埃尔诺在20世纪90年代初主掌《法国足球》以后发现了这个问题，开始改变了评选的条例，取消了对于球员国籍的限制，只要在欧洲联赛踢球就有资格参加金球奖的评选，扩大了候选人的范围，他最引以自豪的就是，第一个金球先生就是非洲人维阿！

这些改革保证了金球奖评选活动的国际性，这也是《法国足球》杂志坚定不移的一个发展方向。只是，当金球奖不断国际化之后，直接和国际足联的世界足球先生形成竞争关系，最终的结果就是两者的合并。就像冠军杯被欧洲足联收归旗下一样，2010年，金球奖被国际足联收编了。虽然金球奖这个商标权连同所有的商业开发权益仍然归属于《队报》，但是，从此之后，这个挂着国际足联名头的奖项再也不可能给法国足球乃至于《队报》带来当年的影响力了。

听费朗讲冠军杯的故事

无论是冠军杯还是金球奖，《队报》的传奇人物费朗都是直接的发起人之一。笔者曾经于2005年在巴黎蒙帕纳斯贵族街区的一家名叫罗德纳的贵族餐馆里和这位《队报》和《法国足球》的前主编一道回忆过创建这项欧洲顶级赛事的过程。那是他作为特邀嘉宾提前飞往伊斯坦布尔观看冠军杯决赛之前的晚上，笔者甚至清楚地记得出身法官世家的费朗穿过朱红的幔布，优雅地向我们打招呼，优雅地把大衣递给服务生，同样优雅地坐在我们面前的样子。从这位冠军杯和金球奖之父的年轻时代开始——当时85岁的老人在回忆中变得年轻起来——一切就像是一部传奇电影……

那是1948年夏天，费朗莽撞地把电话打到《队报》："我要找总编辑戈德特。"当时，戈德特虽然非常惊讶，但他立即决定接待这位血气方刚的小伙子。半小时后，费朗走出戈德特办公室时满脸得意："我马上去跟环法，等着看我的文章吧！"

费朗就这么加盟了《队报》。不过，他没有进入当时最热门的自行车编辑部，而是投身到了自己最热衷的足球报道中。于是，6年之后，才有了他参与发起创建的冠军杯。谈起当时的想法，费朗告诉记者，他的动机其实很简单："那是1954年，我们都还是30多岁的年龄。要知道，当时足球记者的日子可并不好过，因为除了国内联赛和四年一次的世界杯之外，几乎没有其他的重要比赛，我们能写什么呢？那时很多大俱乐部为了挣钱，已经开始举办各种名义的热身赛了，尤其是前东欧国家的俱乐部。那个年代，在苏联和匈牙利有很多非常强大的俱乐部。"

老人顿了顿，那段不断被翻起的历史至今让他仍能有兴奋的感觉："我的同事亚诺，他当年已经65岁了，他会说德语和匈牙利语，要知道，那在当时可是热门语种。他专门到伦敦去看了狼队和一支匈牙利球队的比赛，狼队最终胜出。善于夸张的英国媒体把狼队捧成了世上最强大的球队。"

　　亚诺回到巴黎后在一篇评论文章里写道："通过两次热身赛就认为自己是世界最好的，这未免太离谱了。为什么不创办一项专门的赛事呢？这样，就能通过比赛来判断谁是最强的了。"这几行本来很随意的句子引起的反响是巨大的。"实际上，一切就是从此开始。"费朗回忆说，"我们足球编辑部立即开始行动起来，第二天就组织了讨论，并且在报纸上发表了系列文章。"

　　要了一份开胃酒之后，老人继续讲自己的故事："两三个月后，我们决定把这个主意付诸实施。我们邀请了当时欧洲16家最强大的球队来开会，他们立即就答应了。我们在巴黎对这项计划进行了讨论，结果大家一致认为这是个好主意，并且决定尽快落实。"

　　然而，世界上从来就没有一帆风顺的事，老人话锋一转："但是具体问题马上出现了。当务之急是谁来组织呢？我们首先联系了国际足联，结果遭到了冷遇。他们表示这项比赛和他们没有关系，举不举办是我们的问题，他们要管的只是国家队的比赛。在国际足联碰壁之后，我们想到了欧洲足联，并且专门乘24小时火车赶到了维也纳。那时，欧洲足联刚刚成立，只有两间从法国足协借用的办公室。我们正好去参加了欧洲足联的第一次大会，我提出了这个建议，但是遭到了大会的否决，他们担心这项比赛的举行会影响世界杯。他们甚至说，如果你想举办就举办吧，但是这和我们没有关系。"说到这儿，老人情绪显得很激动："（没有欧洲足联支持）这是不可能的呀！"

幸好，在《队报》内部，费朗并不缺乏同盟者，比如和他每天一道思考的阿诺。但是，最有影响力的莫过于当时的《队报》总编辑戈德特对于费朗等人的支持："为什么不能以《队报》的名义来组织呢？"

也许，如果没有戈德特的鼓励，历史就会彻底改变。"如果事情就此停住的话，《队报》就不叫作《队报》了。"老人很感慨地说，"《队报》能够有今天在体育界的权威地位，不仅仅是靠近百年来的公正和权威的报道，更在于对于体育赛事的参与。在创建冠军杯之前，我们已经参与举办了环法自行车大赛。在冠军杯之后，我们又发起了巴黎—达喀尔汽车拉力赛，我们还是世界滑雪锦标赛的创办者。《队报》的办报宗旨就是，不仅报道体育，我们还有另外一个责任，就是发展、完善和改变体育世界。当然，虽然是赛事的组织者，但我们的身份更多是报道者，所以，我们要保持公正性。实际上，我们在这方面一直做得很好，比如作为环法的组织者，我们提倡对于环法的批评，我们从来不压制反对的声音，这样才能维护报纸的权威，也维护赛事的权威。"

情不自禁说了这么多题外话之后，老人的语气变得平静起来："这都是1955年3月的事。4月2日，我回到巴黎之后决定自己举办这项比赛。那时，我们邀请了皇马、兰斯和切尔西（后未参加）等当时欧洲最好的俱乐部来编辑部，我们建立了冠军杯组织委员会，同时，制定了这项赛事的章程。这个章程是我起草的。之前，我们在编辑部内部进行了讨论，我们的主要的想法是减少俱乐部在赛程上的压力，而直接淘汰制是最简单的办法。现在，我还保存着这份章程！这是我一生中最好的回忆！"

在获悉《队报》召集举办了16个顶级俱乐部的峰会之后，欧洲足联立即举行了紧急会议。第二天，他们做出强烈的反应，强调这个比赛应该由欧洲足联来组织。他们当时还提出了一个很奇怪的想法，就是如果不由他们组办的话，就不能冠以"欧洲"字样。这个变化显然让费朗感到意外："我此前就断定，国际足联和欧洲足联是不可能不介入的。但是没有想到他们插手得这么快。不过，这也是我们所希望的。实际上我们没法撇开国际足联和欧洲足联举行权威赛事。因为我们没法调动属于他们的裁判，也没法协调比赛时间和场地。实际上，我当时也很提心吊胆，我们打的就是这一张牌啊！"

　　说到这儿，老人狡黠地笑了："第一届冠军杯决赛在巴黎王子公园球场举行，皇马打败了法国的兰斯。那时，兰斯是法甲最强的俱乐部。聪明人立即明白了这项赛事的重要性，尤其是皇马主席伯纳乌，他曾两次来到巴黎和我们讨论赛事的组织，后来，皇马连续5次获得了冠军杯。"

　　虽然冠军杯最终被划到了欧洲足联旗下，但既然完全是按照费朗的设想组织的，所以在抽签中，费朗成了当之无愧的嘉宾。有趣的是，他把皇马和贝尔格莱德游击队抽到了一起，可当时西班牙和南斯拉夫还没有建立外交关系！老人想到这事的时候免不了陷入沉思。"不过，这两个国家破例发放了签证，结果，比赛得以正常进行。你说，足球的力量有多大？！"

　　"那时，你预见到今天的成功了吗？"老人望了望窗外，回答很肯定："是的，我们想到了这一切。这个成功很合逻辑。当时的顶级球队需要一个这样的顶级赛事。无论是俱乐部，还是球迷，或是媒体，大家都盼望着这样的赛事诞生。"

　　"此后，冠军杯改革了很多次，您怎样看待这些变化呢？"老人点了点头，又不以为然地摇了摇头："是的，很多！我觉得，是有点太多了！在36年（1956—1992年）的时间里，基本都是一个模式。此后，俱乐部认为他们的比赛不够多，主要是挣的钱不够多，所以，他们建议欧洲足联进行小组赛，欧洲足联同意了，接着，联赛亚军甚至季军也加入到冠军杯的行列了！我觉得这有点夸张。实际上，欧洲足联对于俱乐部采取了纵容的态度。这样一来，优胜者杯不得不退出历史舞台，而联盟杯也越来越少被人问津，我觉得这样做有点过分。而且比赛太多了！不过，我觉得恢复从八分之一决赛进行淘汰赛是个好方向。"

"普拉蒂尼提出了组织一项由256家俱乐部参加的'欧洲超级联赛'。"当笔者提到这个问题，费朗笑了，随后很干脆地摇了摇头："这是不可能的。他有他的道理，但只是理论上的，而却没法实现。在欧洲足联，没什么人对于这项方案有兴趣。"

费朗像一个理想主义者那样奋斗了整个人生；但与此同时，老人始终都是一个现实主义的人，或者说，他从来都不像普拉蒂尼那样乌托邦："冠军杯实际上已成了一个挣钱机器，这也是俱乐部的终极目的，他们需要扩大影响，最终还是一个字——钱！像NBA（美国职业篮球联赛）、赛车等，哪里不是金钱至上呢？足球作为最受欢迎的体育运动，也没法例外。"

对于当今足球的现状，老人认可，但并不赞同："冠军杯已成了豪门乐园，这很正常，因为金钱代表着球队的实力。我们要适应现在存在的一切。我觉得，曼联被美国人控制是件无法忍受的事，这后果很严重。还有，一个俱乐部的首发阵容像阿森纳和国际米兰那样全是外国球员，这意味着什么呢？不过，球迷的愿望是球队赢球，无论这个球队由谁组成。我们可以有自己的喜恶，但是没法改变既成的存在。就像NBA，既然有人看，我们《队报》也就要做大篇幅报道，你们《体坛周报》不也一样吗？"

"我们需要适应这个时代，而不是反过来按照自己的愿望改变这个时代。"突然之间，秃顶的费朗变成了哲学家。从28岁开始做记者到65岁时退休，从参与策划创办冠军杯达到自己职业的巅峰，到海瑟尔惨案后决意隐退，费朗经历了足够多的风风雨雨。在退休之后，前国际足联主席阿维兰热专门授予了费朗"世界最佳体育记者"的纪念奖杯。而现在，费朗还每天坚持写小说、随笔，不过，基本上都不以足球和体育为主题。"但是，我每天还是看足球。不过，除了像摩纳哥兰尼埃亲王这样的老朋友去世，偶尔写点纪念文章之外，很少写与足球有关的东西了。距离产生美吧……"

尽管刻意保持距离，但老人对足球精髓的领会还是令人叹为观止。比如我们用餐的餐馆老板就完全被"来头不小"的费朗镇住了：他和所有服务生都把老人捧为足球教父，他们还对笔者透露说，费朗对于比赛所做的预测几乎百发百中！

科帕的英雄年代

书归正传，和《队报》同仁以及在国际足联掌权的法国人在欧洲乃至于国际足坛的光芒相比，法国队的表现好像并不在同一个频道，但是如果和自己纵向比较的话，职业化了的法国队进步的确很快。1947年，马赛球员巴雷克（BAREK）当选为世界最佳球员，并在次年以1800万法郎的高价转会到了马德里竞技队，这在当时是一个令人瞠目结舌的数字。如果考虑到等值购买力，就算是现在这也仍然算得上很高的价格。拥有了这样的球员，法国队也开始找到了赢球的感觉，当年在葡萄牙和随后一年在捷克斯洛伐克都获得了胜利。在那个年代，足球运动员第一次受到了国王般的待遇。

不过，这样的好运并不长久。法国队很快遭遇了滑铁卢。1949年，在和荷兰队的一场比赛中，1∶4落败，而对战西班牙队更惨，1∶5。正是在这场比赛之后，身兼国家队主教练和《队报》记者的阿诺在《队报》发表了自己的辞职声明。这份声明的名字就可以看出阿诺的个性："改变法国队的……只能是运气"。在这篇充满愤怒的激情和忧患的文字中，阿诺坦言自己的失误，同时，也针砭时弊地指出了法国足球面临的种种困境。

从此之后，阿诺彻底地投身到了媒体圈和法国足协的领导层，并且参与策划了欧洲冠军杯和金球奖的评选。而回到当时的比赛，毫无疑问，这两次惨败虽然都是法国足球的种种弊端使然，但是和他的战术选择同样直接有关。他个人偏好英式的长传冲吊，讨厌短传渗透，对于强队来说这已经是拿起自己的短板了，更为致命的是，他提倡"424"队形的攻势足球，这也可以解释为什么法国队输得很惨了。

不过，正如阿诺所说，法国队的失败的确不仅仅是战术选择的问题，不仅仅是球员本身的问题，还有一个足球环境的问题。阿诺的队友尼古拉斯接过了教鞭，但是并没有改变法国队的处境。1949年年底，法国队在预选赛中2：3输给了南斯拉夫队，从而失去了1950年巴西世界杯的入场券。在这次失败之后，整个法国都在总结教训，尤其是法国足协首当其冲。这里必须记上一笔的是，当时的铁腕主席雷米特由于不能同时身兼法国足协和国际足联主席，很自然地选择了后者。自然而然，缺少了强人的法国足协，也就缺乏斩钉截铁的动作了。

不过，法国队参加巴西世界杯的大门并没有因此完全关上。1950年5月，由于苏格兰和土耳其分别放弃了参赛资格，国际足联紧急邀请法国和葡萄牙补缺。一个月之后，法国足协决定拒绝这个机会，理由是国际足联的赛程安排不合理。不过，这只是一个书面的借口，真实的原因在于，法国队在世界杯的机会重新出现之后的两场比赛，分别以0：1和1：4输给了苏格兰队和比利时队，因此，法国足协认为法国队在世界杯上绝对不会有什么上佳的表现。第一次主动缺席世界杯，这不是一个很自豪的决定，但是，当时的法国队也的确让人无奈。

不管怎么说，冬天总不至于跨年。接下来，法国足球迎来了两次历史性的转变。首先，是比赛改在晚上举行。1952年3月26日，在王子公园球场举行的法国队主场迎战瑞典队的比赛第一次在晚上举行，这一场比赛，有36 000名球迷见证了法国队0：1负给对方的过程。通过当年的图片来看，那时候的球场还很暗，但是，对于足球运动员和观众，却充满了新奇和刺激，这多少弥补了对于法国队表现失望的遗憾。

其次，从这一年开始，足球比赛开始进入电视转播时代，由此，足球再次上了一个台阶。法国队很快适应了这种新的传播方式，10月5日，他们以3：1击败了欧洲劲旅联邦德国队。在这场比赛中，还有8天就满21岁的科帕第一次披上了法国队的队袍。在此之前，科帕已经在兰斯成名，但是，他的自我的性格以及场上过多的盘带却让教练组一再犹豫。直到科帕领衔的法国青年队7：1横扫英格兰队之后，主教练尼古拉斯才下定决心，并且亲自告诉科帕："国家队需要你，你已经赢得了自己的地位。"从此之后，科帕的命运改变了，法国队的命运也改变了。从1952年科帕入选国家队，一直到1963年因为和主教练的冲突离开，这是科帕的十年辉煌，也是法国队历史上的第一个黄金时代。

1952年，国际足联的创始人盖兰去世了。他没有看到两年之后的瑞士世界杯。而另一位国际足联的主席法国人雷米特也在1954年瑞士世界杯之前宣布不再连任，比利时人泽尔德赖尔斯（SEELDRAYERS）接替了他。这一年，在法国队的第200场比赛中，法国队2：1战胜了比利时队，我们还记得，法国队在1930年的第100场比赛同样是对比利时队，结果是2：2，而第300场比赛则是1966年对苏联队，比分是3：3。

从此之后，国际足联不再是法国人的天下了，但是在球场上，法国队却登上了舞台。在英雄创造历史的法国足球世界，迎来了以科帕和方丹为代表的天才一代。他们中的大多数都来自盛极一时的兰斯，这个著名的香槟产地并不仅仅生产美酒，在20世纪50年代，兰斯俱乐部在欧洲的影响力就像现在的皇马和拜仁一样。当时的国家队11个首发队员中，有5个来自兰斯俱乐部，而这群兰斯人给法国队带来了新的气象，在马德里，他们奇迹般打败了西班牙队（2：1）。

这是以科帕为核心的法国新生代的一场完美表演。赛前，发现了科帕的阿诺对这场比赛这样如实评判："如果我们1：4输掉，那是真实水平；如果1：3输掉，那是超水平发挥；如果1：2输掉，那是虽败犹荣；如果平局，那是我们的运气；而如果战胜对方，那是一个奇迹！"就连最乐观的阿诺都没有想到，这个奇迹发生了。这个奇迹归功于科帕，他扳平了比分，同时他的助攻使得队友樊尚（VINCENT）完成了绝杀。比赛结束之后，法国队球员不约而同地举起了他们的英雄，而科帕也给西班牙留下了深刻的印象，正因为如此，皇马才在两年之后不惜代价地挖到了他。

这样一支充满朝气和豪情的球队，无往不胜的战绩当然让法国球迷充满幻想，他们甚至相信以科帕为代表的这一代年轻球员能够在瑞士世界杯上实现一个奇迹。没错，这拨队员的确充满天分，但是，这个奇迹还要耐心地等待4年。1954年的世界杯，规则有点特别，就是小组赛中，三个对手只能轮到两个，只要有一场失败就注定了被淘汰。而法国队遇到的第一个对手就是当时如日中天的南斯拉夫队，结果以0：1不敌，也就意味着提前出局了，随后3：2战胜墨西哥队的胜利于事无补。

瑞士世界杯之后，1955年，欧洲杯的发起人德劳内去世了。1956年，世界杯的发起人雷米特也去世了。这是两个法国足球史上的巨人，也是世界足球史上的巨人。地球依然在转动，足球也一样。国际足联和欧洲足联都沿着既定的轨道前行，而法国队在德劳内的儿子皮埃尔（担任足协主席）的领导下同样走在复兴的路上。科帕和他的队友们不断给法国人带来惊喜，1955年，他们在莫斯科2∶2逼平了苏联队，在第二年，则干脆地以2∶1战胜了对方，和比分相应的是，法国队无论从技术还是从战术上，都开始迈入了一个成熟的阶段。等待这支队伍的是1958年的瑞典世界杯，这也是属于科帕和方丹的世界杯。

法国足球的1958年

在世界杯的历史上，瑞典是一个分水岭，随着电视、广播和平面媒体的追捧，世界杯已经成了最受欢迎的单项赛事。瑞典也是法国队的福地，他们在这届世界杯上终于迎来了自己的第一个辉煌时代。但是，在世界杯之前，几乎没有人能够预知这一点。一个很有意思的注脚是，在那个媒体空前繁荣的时代，除了法新社和《队报》之外，其他媒体竟然都没有派遣记者随队采访。这也难怪，法国队在温布利被英格兰队打了一个4∶0，接下来对保加利亚队、西班牙队和瑞士队纷纷平局，在来到斯堪的纳维亚之前就是这样的表现让所有媒体都不再抱有幻想。谁能够想到，哀兵必胜的道理在世界杯的法国队身上第一次应验，他们的状态直到正式比赛开始之际才姗姗来迟！

第一场比赛对巴拉圭队，法国队以7：3的大比分获胜。这是一场令人刮目相看的比赛，除了科帕之外，法国队又涌现出了一颗耀眼的明星，他和他的"帽子戏法"一下子成了媒体关注的焦点，这就是方丹。有一种流传甚广的说法：方丹虽然入选法国队已经有三年的时间，但是一直到世界杯之前，这个锋线天才一直屈居替补，布利亚尔（Rene Bliard）临阵受伤才使他获得了发光的机会。方丹本人后来专门揭开了谜底，原来布利亚尔是他的表兄。为了让此前一直担任主力的布利亚尔有足够的面子，方丹当年才自己作出了这样的解释。

和科帕一样，方丹是一个有个性的球员。这样的个性显然是在艰难的成长过程中形成的，早在中学时代，他就曾经被学校辞退，而效力于卡萨布兰卡俱乐部的时候，则被埋没在二线队当中。直到1956年加盟兰斯，方丹才真正发挥出自己的射手本色。而事实上，就像方丹自己所说的那样，在当时的兰斯打上主力之后，方丹也自然而然地成了法国队的主力，这个地位在世界杯之前就已经确定了。但是，他和法国队在世界杯上能有这样好的表现，就连方丹事后也承认自己没有想到，其他人也一样。

在大胜巴拉圭队之后，法国队接下来碰上的是南斯拉夫队，当时有名的硬骨头，方丹再次放出异彩，梅开二度。遗憾的是，在第一场比赛中配合默契的防线在终场前开始出现松懈，南斯拉夫凭借最后关头的进球以3：2胜出。这个结果让法国队上下深感遗憾，不过，他们很快吸取了教训，并在接下来和苏格兰队的比赛中2：1获胜，进入了8强。在这场比赛中，方丹又打进了一球，而科帕则被西班牙媒体誉为"法国队的迪斯蒂法诺"。

进入四分之一决赛，法国队的对手是北爱尔兰队，比赛轻而易举4：0，差不多是法国射手的表演赛，方丹一个人就打进了两个球。从第二天《队报》的头版标题"潇洒王子"，我们都可以想象到整个比赛的快意。这场比赛也彻底改变了法国人对于法国队的印象，法国队收到的祝贺的卡片和信件数以万计。那些此前忽略了法国队的媒体纷纷派遣记者赶到现场报道，而法国《队报》和欧洲第一广播电台（EUROPE 1）更有魄力，这两家媒体甚至联合包机把法国队的家属都带到了瑞典来给法国队助威，这也是法国队后来流行的太太团的起始。

半决赛，法国队遇到了巴西队，那是巴西足球史最辉煌的一代，加林查、迪迪和瓦瓦等群星荟萃，尤其是他们当中只有17岁的贝利，更是让整个世界侧目。1958年6月24日，在斯德哥尔摩市郊的瑞典国王卡尔十六世·古斯塔夫长大的索尔纳，为了对付南美巨人巴西，法国人同样排出了"433"阵型，兰斯球星为主的阵容虽然在当时堪称一流，但是，和这些堪称超一流的巴西人相比，仍然是两个世界的差距。

这个差距，并没有想象的那么遥远。事实上，法国人的表现相当可歌可泣，甚至就连法国球迷都开始了连胜的梦想，但是，梦想仅仅持续了26分钟，当时的比分是1：1。直到那个时候，就像比分一样，两支球队看起来势均力敌。然而，在这个紧要关头，法国队主力后卫容凯（JONQUET）在和瓦瓦的冲撞中受伤了，并离场接受队医的按摩。容凯的缺席使得法国队后防连续出现漏洞，迪迪趁机改写了比分。

下半场，容凯带伤重新上场，但是，这个后来被查明当时腓骨双重骨折的后防核心当然无法阻止年轻的贝利，这个正在崛起的世界足球巨星连续进球，上演了"帽子戏法"，把比分扩大到了5：1，终场前，相对之下显得低调了的方丹悄悄地缩小了差距，5：2。一直到终场的哨声吹响，容凯一下子瘫倒在了替补席前，他的表现近乎于史诗般悲壮，并因此和科帕以及方丹一道成为法国人的偶像。如果容凯没有受伤，如果以11人对11人，法国队是否还会输？这是当时的主教练巴托，也是科帕后来反复问的问题。显然，虽然巴西的强大没有人怀疑，但是他们对于决赛的失利却始终耿耿于怀，十分不甘心。

在与联邦德国队争夺第三名的比赛中，法国人的激情再度爆发。方丹一人再度独进四球，帮助球队以6∶3大胜对手。尽管巴西人成了1958年世界杯最后的赢家，但人们还是记住了法国队，记住了方丹这个法国人和他那6场比赛中13粒永载史册的进球。13，对于方丹来说是一个吉利的数字，后来在出版对于自己、对于足球的阐述的时候，书名就叫作《13个问题》。

除了最佳射手方丹之外，法国队的灵魂人物科帕则当选为世界杯最佳球员。这样的成就使得整个世界都对法国队刮目相看，那是法国足球有史以来的第一个黄金时代。有趣的是，科帕和方丹在1958年世界杯之前并不熟悉，他们的默契是在比赛中自然而然形成的。和方丹作为射手的当仁不让相比，已经成为球队核心的科帕，甘心为方丹做配角，并且由此获得了当届世界杯的最佳球员。1958年年底，科帕还获得了代表着个人最高荣誉的金球奖，方丹迄今都认为这个奖项应该属于他。如果以度量而言，仅仅从这个细节，已然看出了方丹和科帕之间的距离。而从影响力来说，科帕同样超过方丹，而且这种影响力已经超过了国界。正是在那时候，英国记者哈克特（HACKETT）给个子不高的科帕起了一个外号："足球的拿破仑"。

"拿破仑"没有统治欧洲

就像拿破仑没有统治欧洲一样，科帕率领的法国队也没有赢得世界杯。但是，这毕竟是法国足球历史上第一个巅峰时代！通过1958年世界杯上的表现，他们终于证明了自己欧洲强队的身份。法国队每一次好的表现，都是和一个杰出球员分不开的，比如之后的普拉蒂尼和齐达内等，而和这两代球星相比，科帕和方丹显然并没有同样的知名度。但是，他们的成就，尤其是在法国足球史上的成就，却并不逊色于后两者，毕竟，他们率先把法国队拉入到了头等舱的行列。

是的，翻开历史的时候，我们忍不住会提出这样一个问题，难道一个球星可以改变一个球队，一个国家足球的历史？对于法国足球来说，的确如此。普拉蒂尼和齐达内的故事还将验证这个道理，但是科帕和方丹的先后退出，已经很明确地意味着一个辉煌年代的终结。当然了，作为第六届世界杯的功臣，他们当然不会像后来的雅凯那样想到急流勇退，还有更多的辉煌在等待着他们。

拥有一名像科帕这样天才的球星，法国队的胜利并不仅仅是在世界杯上的昙花一现。他们在1959年痛快淋漓地在众多比赛中一路凯歌，这些对手包括葡萄牙队、奥地利队、西班牙队和希腊队。而在俱乐部，兰斯继续自己的光辉岁月，不过，由于体制的原因，法国联赛开始与英超、西甲和意甲渐渐拉开了差距，这一点，从冠军杯的战绩上一览无遗。那时候，法国球员开始了海外淘金，离开了兰斯的科帕就在皇家马德里和那个时代的另外一个巨星迪斯蒂法诺一道独霸西甲和冠军杯。

对于法国队来说，幸福的停留却过于短暂。一次交通事故让他们失去了尼古拉斯，而世界杯上的最佳射手方丹则在1961年因伤告别了法国队，那时候，他仅仅27岁，从此世界足坛少了一位天才射手。这个法国"杀手"的单届世界杯进球纪录直到现在也没有人打破，但是个人的辉煌却像划过夜空的流星一样短暂。在方丹仅仅21场的国家队比赛中，他总共打入了30球，这样的效率迄今仍然让人叹为观止。

失去了自己最佳射手的法国队并没有失去航向，但是，却失去了效率。在1960年首届欧洲杯的半决赛上，一直到62分钟，东道主法国队都保持着4：2的优势，但是在接下来的4分钟内，被对方连续打进3球，以4：5的比分被戏剧般地反超。意外地败给了南斯拉夫队之后，法国队重整旗鼓，最终2：0战胜了另外一个东欧劲旅捷克斯洛伐克队，取得了第三名的成绩，从而继续保持了法国一流球队的资格。

没错，虽然没有了方丹，但是法国队还有科帕，这个齐达内眼中的前辈英雄。他没有受伤，他的状态甚至如日中天，但是，因为连续揭露了俱乐部和法国足协奴役球员的现象而和法国足协闹僵，甚至被禁赛。和方丹的个人主义相反，波兰后裔科帕有点社会主义。在俱乐部里，他就是球员代表，负责和俱乐部讨论加薪，甚至不惜以罢训和罢赛相威胁。在国家队同样如此，一旦有看不惯的地方，总会不顾后果挺身而出。

科帕最幸运的是遇到了功勋教练巴特（BATTEUX），他先后在兰斯和法国队担任主教练，其间一直对科帕宠爱有加，并且为他承担各种指责和非议。巴特辞职之后，新任教练维利埃斯特（VERRIEST）虽然不是特意瞄准科帕，但是对于科帕不断捅出的娄子却不再袒护，两个人的矛盾由此公开化。这种离心状态显然影响了法国队的成绩，法国队被保加利亚队拦在了智利世界杯之外。1963年，虽然维利埃斯特继续把科帕纳入了自己的备战欧洲杯的名单中，但是，32岁的科帕毅然决然地独自搭乘出租车离开了集训基地，并且从此挂靴。他的突然离开，也宣告了一个黄金十年的陡然终结。

从1956年到1963年，总计为法国队征战45场的科帕几乎无处不在，他的影响远远超过了足球的范畴。当时有科帕牌的鞋子，他甚至出现在蜡像馆中！他是那个时代的英雄，但是，那个时代却不是一个懂得珍惜英雄的时代。从这一点而言，后来的普拉蒂尼和齐达内显然更有运气。而对于科帕，无论是普拉蒂尼还是齐达内，都评价甚高。在科帕自传的序言中，齐达内专门为他定论："在法国足球的历史上，第一个伟大的球星就非科帕莫属。兰斯俱乐部的荣光和瑞典世界杯的高峰都是科帕引领的，他和他的同伴们是20世纪足球的先锋。在那个电视转播刚刚开始普及的年代，他给我们勘探出了后来的路线。对于科帕这样的前辈巨星，我始终都保持着足够的崇敬，而在皇家马德里，我具体地体会到了他的影响，我通过自己的经历，更加体会到了在那个年代他所代表的价值和意义。"

1962年智利世界杯上，巴西人重新告诉这个世界现代足球的高度，但是法国人却经历了高峰之后的第一个低谷。幸好，在被科帕抛弃的第二年，法国队1：0战胜了南斯拉夫队，重新获得了1966年世界杯的入场券，也重新恢复了自己巅峰时代的攻防平衡。不过，就像科帕不会再回来一样，法国队的辉煌短时间内也不会再回来了。

1966年，世界杯又回到了欧洲，回到了英国。在这个现代足球的发源地，东道主最终夺冠，而法国队却重新陷入了茫然之中。战胜南斯拉夫队的势头在世界杯中并没有保持，首战实力平平的墨西哥队，法国队没有抓住战机，结果1：1被逼平。对战南美劲旅乌拉圭队，保守的法国队终于1：2败北。第三场比赛，法国队必须以两球的差距战胜对手才能出线，而对手赫然是英格兰队，坐享主场便利的现代足球的鼻祖。这场比赛中，法国队及时调整了阵容和战术，球队上下同心合力一直战斗到最后一分钟，但是，这样的觉醒显然太晚了，而且，这样的努力也不足以弥补和英格兰队之间实力的差距，最终，法国队以0∶2负于对手，并且由此离开了英国。

这次世界杯后，短短的3年之间法国队连续4次换帅，不过，无论是方丹还是迪高格斯（DUGAOGUEZ）始终都没有扭转颓势，改变法国队自由落体式的跌落曲线。1968年，在贝尔格莱德，法国队被南斯拉夫队5∶1击败，随后，法国队主场0∶1负于挪威队。那是法国队一段冰冷的历史。倒是在联赛上，球迷可以找到一点夜郎自大的安慰，那时候，圣埃蒂安取代了背后光环渐渐暗淡的兰斯，他们蝉联了法国杯和联赛的冠军。1967年，法国总统戴高乐将军亲自为他们颁奖，圣埃蒂安，这家直到现在仍然深受爱戴的俱乐部垄断法甲的时代来临了。不久之后，那里将会有一位改变历史的球星——普拉蒂尼。

科帕眼中的自己和方丹

在那个遥远的时代中，科帕一直是一个谜一样的人物。他的举世无双的天才，他的艰辛的身世，他的挺身而出的性格，他的种种特意独行的做法……别说是我们现在无法理解，就算是在他所处的那个时代，很多人都无法理喻，就连他的队友和教练也不例外。幸好，他出版了自己的自传，这本书得以让我们揭开多少年前种种造成歧解的帷幔。

科帕出生在一个波兰移民的家庭。父亲和哥哥都是矿工，这几乎注定了他下井的命运。从每天早上4点钟被披星戴月的父兄吵醒的童年开始，少年科帕的最大梦想就是能够摆脱这样的人生。踢球对于他来说，就像对于他的哥哥而言，是那种贫困和单调的生活中的最大乐趣。他和他的哥哥都是远近闻名的高手，哥哥是可以挡住任何射门的门将，而弟弟则是攻城拔寨的锋将。一个是矛，一个是盾，兄弟俩领衔的球队几乎打遍了整个街区找不到对手。科帕因此在整个地区都有了声誉，最终被当地的一个业余俱乐部看中，走上了职业道路。

而在这个职业道路之前，那是一个相当漫长的过程。首先，虽然父母支持，但是他改变职业的梦想最终泡汤。虽然学了电器等多种手艺，但是找工作的时候一听到他的波兰名字，雇主就会摆摆手，告诉他没有这样的位置。法国不是种族主义盛行的国家，但是，科帕的经历是，波兰人就必须下井采矿。他自己在14岁的时候就不得不在600多米深的矿里推煤车了，而且每天都要推10~12小时。

这样的经历，使得他有极为充沛的体力、耐力，还有精神的承受力。当他通过了由阿诺发起的青年选拔赛，并且被昂热俱乐部看中的时候，在正常训练中，他看到大家筋疲力尽都会很不解，这和在井下的工作比，简直是轻松多了。如果说科帕拥有超人的动力，童工的经历是不是一个原因呢？

从心理学的角度，童年的历程可以解释成人之后的性格。科帕就是如此，在井下养成的互助的习惯使得他变成职业球员之后仍然成了捍卫队友利益的"出头鸟"。对，从俱乐部到国家队，凡是有损队员利益的地方，科帕必然挺身而出。由于他在俱乐部和国家队举足轻重的地位，他的要求几乎每次都得到满足。当然也有些例外，比如他曾经替一位从来没有机会上场的球员向对他一向格外宠爱的国家队主教练巴托提出了上场的要求，巴托坚决拒绝，并且告诫科帕，不要牵涉到这样容易引起管理矛盾的事情之中。

然而，科帕最终还是因此和法国足协乃至于和巴托之后的国家队主教练发生了冲突。他一再发布抗议俱乐部和国家队奴役球员的声明，虽然不能说完全没有道理，但是很多问题确实没法解决，而且这样的公开质疑确实严重扰乱了既定的秩序，法国足协不得不对他做出了禁赛3个月的处罚。科帕毫不妥协，在最后一次公开表达了自己的失望之后，他离开了国家队。

　　无独有偶，方丹的性格和科帕很像，所以，在1958年的世界杯上，两人第一次认识，第一次同场训练，就有了惊人的默契，并且成就了法国队的第一次辉煌，一次属于科帕和方丹的辉煌。一个是最佳球员，一个是最佳射手。一个在职业生涯之中挑战法国足协，一个在老年时还发表给布拉特的公开信，公然挑衅国际足联。

　　这对搭档退役之后都成了商人，都做体育服装和器械。科帕做的科帕公司，而方丹开了两家商店，科帕品牌也属于他经营的范围。迄今为止，他们仍然每年能够聚上那么两三次，煮酒论英雄，说的都是属于他们那个年代的故事。法国足球不会忘记那段历史，而在一杯红酒之后，尤其无法忘记的，终归是他们自己。

第四章 1969—1987年：
普拉蒂尼纪元

英雄创造历史

世界杯上的法国队，要么一鸣惊人，要么就鸦雀无声，甚至经常缺席。1970年的墨西哥世界杯，贝利的巴西队大放异彩，法国人竟然连出线资格都没有拿到；1974年，贝肯鲍尔带领联邦德国队再次夺冠，而法国队的出线之旅又一次功败垂成；之后，甚至连1976年欧洲杯的入场券都没有拿到，那真的是一个无奈的年代。

当然，无奈，仅仅局限在法国。同时代的欧洲和世界，可以称得上是英雄辈出。阿贾克斯从1971年到1973年独霸冠军杯，而他们的名将克鲁伊夫则3次捧得金球奖。在荷兰人之后，拜仁慕尼黑将冠军杯从1974—1976年连续垄断了3年，贝肯鲍尔获得了2次金球奖。虽然没有阿贾克斯和拜仁慕尼黑的荣耀，但是法甲在兰斯之后同样有一个新霸主，那就是圣埃蒂安。从1974年到1976年，他们垄断了联赛冠军，其中前两年还囊括了法国杯。那时候，他们两次冲击冠军杯决赛未果，也就未能把自己的行业标准从法国提高到欧洲。但是，不久之后，他们的一个球星却很快以个人的名义完成了这项使命，他将不只是一个欧洲的球星，也是世界的球星，这个人就是普拉蒂尼。

黑暗的隧道总有尽头，苦难的日子总有英雄拯救。这个英雄不仅在南锡和圣埃蒂安创造了历史，同时，也把法国队带向了1958年世界杯之后的另外一个高峰。1982年世界杯第四，1986年世界杯再前进一步进入前三，1984年欧洲杯则当仁不让地成为冠军。在法国足球的历史上，他所创造的是比科帕时代更炫目的成就，甚至就连后来的齐达内也无法企及。如果说普拉蒂尼时代法国队单就成就而言胜过科帕时代，但是的确逊色于在世界杯和欧洲杯全部封王的齐达内时代。然而，普拉蒂尼比科帕或者齐达内所起的作用更为全面，他不光是球队的灵魂，富有创造性的冲锋陷阵，同时，还是一个一呼百应的队长。相比之下，科帕从来都没有当过国家队的队长，而齐达内在1998—2000年时期的辉煌都是在"队长专业户"德尚的指引之下。

普拉蒂尼是全方位的，这种作用不仅仅在场上，在场外也是如此，这一点，从他退役之后的职业生涯也可以更清楚地看到。先是国家队主教练，接着担任法国足协副主席、世界杯组委会主席，最后连任欧洲足联主席，在任何一个位置上都有着非凡的成绩单。而任何一个成绩单，都不如他的球员时代更耀眼，更神奇。他在23岁的时候就担任法国队队长，而在此后长达十年的时间中始终都保持着核心的作用和独一无二的影响力，就连主教练伊达尔戈都放开缰绳，让普拉蒂尼得以天马行空，不断地创造神话。普拉蒂尼那种天生的灵性，那种逢大赛兴奋的本能，那种笔直地朝向进球的感觉，都堪称一个现代神话。

就像每一个神话诞生之前的蛮荒一样，科帕退役之后的黑暗一直延续到了20世纪70年代初，并且在普拉蒂尼横空出世的时候达到极致。1970年，以法国人雷米特命名的世界杯永久地被巴西人捧走了。国际足联又新打造了一个5千克的金杯，命名为大力神杯。这和法国人几乎没有关系，他们从1966年之后就几乎和这项赛事无缘了。1972年，法国足协新的主席萨斯特（SASTRE）上任了，这是雷米特和德劳内之后另一位英明的主席，但是，他有点生不逢时：在1970年和世界杯交臂而过之后，1974年世界杯的出线资格只要在莫斯科获胜就可以获得了，但是法国队却以0：2负于苏联队，再一次失去出线的机会。

在这样的窘况之下，萨斯特采取了最传统的办法，更换主教练。这一次，他选择的是一个罗马尼亚人。外国人担任国家队主教练，这也是法国足球历史上的第一次。新任主教练的名字可能对于当时的法国人很陌生，斯蒂芬·科瓦奇（STEFAN KOVACS），但是他的成就恐怕没有人不知道，阿贾克斯的全攻全守的足球模式，就是他创建的！新任主教练的助手也必须提一下，叫作伊达尔戈，也是法国足球史上耳熟能详的一个名字，正是在他的带领下，普拉蒂尼们才夺得了欧洲杯的冠军，并且连续三次进入世界杯，两次打入半决赛。

一代名帅果然带来了立竿见影的"三把火"，在热身赛中一路过关斩将：3：1击败希腊队，3：0击败丹麦队。在1974年，则3：3平捷克斯洛伐克队，2：0战胜波兰队。但是，这仅仅是友谊赛而已，一到了真正的大赛上，法国队就换了另外一幅模样。在1976年欧洲杯的预选赛上，法国队1：2输给比利时队，接着同样比分输给德国队，最后主场2：2平捷克斯洛伐克队，最终失去了出线的资格。

伊达尔戈的新空气

继续换帅！每逢这样的危难时刻，这差不多是大佬们的唯一选项。尽管，科瓦奇这位罗马尼亚主帅其实并不那么差，或者说根本就不差。就算是决定换掉他的法国足协主席萨斯特事后都多次承认，其实，法国队的转机是从他开始的。至少，科瓦奇在任内培养了一位法国队历史上和雅凯一样声名卓著的主教练伊达尔戈。当时，伊达尔戈是科瓦奇的助手。而助手接替主教练，这也是法国队的一个传统！

本土新帅上任之后，法国队的转机立即出现了。那是1976年3月27日，新帅带来一批新人。这倒未必是伊达尔戈有什么点石成金的魔法，而是种种的不得已。几乎在这场比赛的同时，法国队队员的摇篮圣埃蒂安俱乐部在冠军杯半决赛上迎战埃因霍温俱乐部，自然而然，他们的球员就无法出现在法国队的集训中了。于是，首发11人当中，阴差阳错的新人占据了半壁江山，总计6位。在这6个人当中，有3个后来都成了主力，他们分别是博西斯（BOSSIS）、西克斯和普拉蒂尼。

在伊达尔戈执教的第一场比赛中，普拉蒂尼第一次穿上了法国队的队袍，并且直接进入了首发名单。更为奇异的是，这个来自南锡的初生牛犊在自己的第一场国家队比赛中就有精彩亮相，他打进了本场比赛的第二粒进球，一个16米之外令人炫目的直接任意球。这是普拉蒂尼的拿手好戏，在随后的年代，他还会反复亮出这把杀手锏，以至于法国队从此镀上了金身。这场比赛的对手仍然是捷克斯洛伐克队，这场比赛的结果仍然是平局，但是，能够在落后的情况下扳平比分，这个新版的法国队却不再是那个状态飘忽不定的旧模样了。

热身赛的表演结束之后，真刀真枪的实战开始了。新帅伊达尔戈和新兵普拉蒂尼的第一个重要任务，是在1976年的世界杯出线。客场对保加利亚队是最关键的一场战役，也是法国足球史上最传奇的一场比赛。在这场比赛中，普拉蒂尼再次使出任意球的绝技，打进了自己在4场比赛中的第3个球，拉孔布再下一城之后，法国队从容地以2∶0领先。中场前，博内夫（BONEV）扳回一球，接着，难以置信的场面出现了。先是普拉蒂尼禁区内形成单刀，对方门将严重犯规，但是当场主裁判苏格兰人富特（FOOTE）悍然拒绝了一个法国队应得的点球，紧接着，博内夫一个越位在先的球居然被判有效，最离谱的是，终场前，反而判给了保加利亚队一个莫须有的点球，幸好博内夫错失了这个反超的机会，这场比赛以2∶2的比分告终。

赛场上连续三次错判引发了法国球迷的极大愤怒，当时负责直播的法国电视台著名主持人洛朗德忍不住在节目中这样声色俱厉地脱口而出："富特先生，你就是个混蛋"！这样的粗口，在电视解说中从来没有出现过，一时之间，成了全法国议论的话题。

听到屏幕上说出这样的话，电视台主管夏尔斯几乎失去控制，立即拍案而起，但是，最终却并没有给予洛朗德任何的处分。洛朗德的语言虽然过分，却正好迎合了当时的民意，因为如果博内夫真的打进了点球，法国队将会就此和世界杯绝缘。为此，主教练伊达尔戈反复表示如果洛朗德有什么问题，全体法国队都站在他的身后。这样的无条件支持不只局限于法国队，几乎是全民性的，给洛朗德写的安慰信和卡片数以千计。最后，这件风波不了了之。20年之后，洛朗德成了法国电视台的台柱，专门去拜访了这个被他称为"混蛋"的苏格兰人，并且发现，富特虽然在比赛中出了错，但生活中绝对是一个诚实的人，所以，2003年西塞被红牌罚下的时候，还专门邀请他出席了法国电视台的直播。因为洛朗德的国骂，富特也成了法国球迷熟悉的一个名字。

接下来，法国队越来越有章法，也越打越顺。1976年11月法国队3：1战胜了爱尔兰队，1977年，法国队战胜了联邦德国队（1：0）。而在1977年的南美拉练中，法国队的表现尤其骄人，在和两支劲旅巴西队和阿根廷队的交手中，分别以2：2和0：0战平。这一年，是属于年轻的普拉蒂尼的，普拉蒂尼几乎每场都有进球，间或的任意球绝技更让他声名鹊起。随着电视的普及，普拉蒂尼已经成了一个家喻户晓的明星。

在1977年11月16日，世界杯预选赛轮到法国队主场迎战保加利亚队的时候，在王子公园球场，不再有偏袒的裁判，法国队终于以3：1轻松地击败了对手，获得了阿根廷世界杯的入场券。比赛结束之后，主教练伊达尔戈喜极而泣，泪水和雨水交汇在一起，和普拉蒂尼25米的远射一样，都成了那场比赛令人难忘的画面。而现场观看了比赛的《队报》主编费朗在自己的文章中这样坚定地预言："法国队从此迎来了自己的新生。"

没错，这是一个焕然一新的法国队。1978年2月，在和意大利队打成2：2的热身赛当中，普拉蒂尼成了意大利队门将佐夫的噩梦。第63分钟，他的一个任意球让佐夫扑救不及，但是裁判判处无效；第80分钟，普拉蒂尼再施绝技，佐夫以为普拉蒂尼会再次挂角，但是普拉蒂尼开出了一个地滚球，佐夫判断右边，普拉蒂尼偏偏踢向了左边。在加盟尤文图斯征服意甲之前，普拉蒂尼已经用自己的天分征服了意大利。

　　同一年的4月1日，法国队传来了一个不属于愚人节的好消息，在王子公园球场1：0战胜了巴西队。这是法国队历史上第一次战胜巴西队，一个主力云集的巴西队。第86分钟，让·珀蒂传中，埋伏在禁区内的普拉蒂尼又一个地滚球成就了法国队的胜利。那时候，随着法国队捷报频传，甚至连足球媒体都迎来了历史上的第一个黄金时代，《十一人》等杂志就是在那个时代创办的。而普拉蒂尼在加盟圣埃蒂安之前，几乎是以个人之力带领着南锡捧得了法国杯。

阿根廷往事

　　接下来的阿根廷世界杯呢？由于当时阿根廷的独裁统治，法国足协在到底参加与否的问题上犹豫了很久。最终，参赛一方占了上风，法国队再次踏上了南美之旅。在首场比赛中，法国队遇到了自己的克星意大利队，意大利队始终都是法国队的克星，虽然拉孔布在37秒就首开纪录，但最终还是被意大利人以2：1击败。如果说这场比赛输得遗憾的话，那么，接下来和阿根廷队同样比分的比赛就只剩下委屈了。作为主办国，阿根廷必须要晋级，这不光要靠阿根廷球员，同时也要靠裁判，最终，阿根廷队一个完全来自想象力的点球断送了法国队的晋级可能，法国队0∶1负于阿根廷队。在最后一场比赛中，法国队3∶1战胜了匈牙利队，带着种种的不甘，离开了南美。

如果说三场比赛全部乏善可陈，有两个插曲却堪当笑料。一个故事发生在和阿根廷队的比赛前，由于法国队队员对于主要的赞助商阿迪达斯给每名队员提供的5000法郎奖金不满意，而阿迪达斯公司又坚决地拒绝了法国队队员提出的增加数额的要求，这些队员居然集体决定把黑色球鞋上的三条白杠全部涂黑。当电视转播把这个细节暴露给所有球迷的时候，就成了一个不大不小的丑闻。而主教练伊达尔戈竟然在此前一无所知。他气愤地表示自己对此感到吃惊，并且对于球员们过度在乎金钱的态度感到失望。不过，这位开明的主帅同时阐明了自己的想法："我不反对球员们捍卫自己的利益，我也不会因此责怪他们。但是，我必须要说的是，世界杯是捍卫国家荣誉的时候，这样的做法选错了时机。"

如果说球鞋事件是有意为之，那么，队服事件就完全是一个法国队管理上的失误了。在马德普拉塔的最后一场比赛前适应场地的时候，亨利·米歇尔发现对手匈牙利队和自己一样都穿着白色的队衣。他立即和法国队的领队帕特雷尔取得了联系，帕特雷尔才发现了这份国际足联早在3个月前就要求法国队使用第二套队衣的传真。情急之下，法国队专门找了阿根廷警察，警车鸣笛呼啸地赶往位于一个渔港的驻地取回绿白相间的队服，结果，比赛为此推迟了45分钟。和球鞋事件一样，这两个故事从另一个侧面表明，重回世界杯，除了球队之外，法国队在各个层面都还没有做好准备。

带着种种遗憾的1978年阿根廷世界杯结束之后，普拉蒂尼离开了南锡，加盟了圣埃蒂安——法国当时最强大的俱乐部。虽然在法甲的霸主地位没有其他人能够撼动，但是在欧洲赛场，他们却始终未能突破8强的瓶颈。法国联赛在欧冠上的崛起，要一直等到1993年，但是在此之前，法国队终于要显山露水了。

1980年，法国队在欧洲杯的预选赛中再次折戟，但是1981年，再次获得了世界杯的入场券，而普拉蒂尼，在那一年成了法国队的队长。1981年11月18日，在巴黎王子公园，事关出线的决定性比赛，对手是盛极一时的荷兰队。这场2∶0的胜利堪称法国队突破瓶颈的一次靓丽转身。在法国队的阵容中，一大批球星不久之后将会被整个欧洲瞩目，比如在伊达尔戈的"433"阵形首发名单中的普拉蒂尼等四名圣埃蒂安球星，还有吉雷瑟、蒂加纳、拉孔布和特雷索（TRESOR）等4名波尔多球星。第51分钟，普拉蒂尼以一记直接任意球为法国队首开记录；第82分钟，西克斯再下一城锁定了西班牙世界杯的出线资格。

法国队越来越顺风顺水了。但是这不妨碍他们时不时地栽个跟头，比如在汉诺威举行的自己的第400场比赛中，法国队1：4输给了联邦德国队，接下来，1981年5月又在王子公园球场1：3输给了巴西队。这又怎样呢，这一年，法国获得了1984年欧洲杯的主办权，而在此之前，他们要参加1982年的西班牙世界杯。连续两次参加世界杯，这已经是第二次世界大战后前所未有的稳定状态，这样的状态要一直持续到普拉蒂尼退役。

像在塞维利亚那样输球

弗朗哥的独裁统治终于结束了，这一届西班牙世界杯因此备受期待。法国球迷更期待的是，普拉蒂尼到底会走多远呢？事实是，这一次西班牙世界杯的准备，法国队做得并不理想。在2：0战胜意大利队和4：0战胜北爱尔兰队之后，法国队0：1输给了威尔士队，接着，伊达尔戈宣布了法国队的22人既定名单。

在小组赛上，法国队的首场比赛对手赫然是英格兰队，英格兰的布赖恩·罗布森（ROBSON）在开场仅27秒就打进了世界杯历史最快的一个进球，还完全没有适应场面的法国队就最终以1∶3败北。按照当时《队报》的现场报道，这不是一场势均力敌的对抗，而是一场屠杀，一个悲惨世界。在接下来和科威特队的比赛中，尽管埃米尔利用石油、美金给组委会施压，并且直接干预裁判，法国队最终还是4∶1战胜了对手。在和捷克斯洛伐克队的最后一场比赛中，阿莫罗斯（AMOROS）不仅作为后防核心多次救险，还头球扳平了比分，从而使法国队跌跌撞撞地闯进了下一阶段。

这是一次规则奇异的世界杯。第一阶段的小组赛结束之后，第二阶段比赛仍然是小组赛，只是每组只有3支队，且其中只有一支进入半决赛。这一次，法国队的分组形势显然凭借了运气，两个对手分别是奥地利队和北爱尔兰队。没有运气的是，两名主力都不得不缺席首场和奥地利队的比赛，一个是被禁赛一场的功臣阿莫罗斯，另一个就是受伤的普拉蒂尼。不过，真吉尼（GENGHINI）翻版了普拉蒂尼的定位球绝技，在第39分钟利用直接任意球破门，1∶0的比分一直到终场都没有改写。

次战北爱尔兰队，普拉蒂尼的归队极大地振奋了球队的信心。虽然只要打平就可以晋级，但是法国队还是排出了倾力进攻的阵容，结果，罗歇托（ROCHETEAU）和吉雷瑟分别梅开二度，其中，身高只有1.63米的吉雷瑟还打进了一个头球，法国队最终以4∶1战胜对手。赛后，针对舆论的迅速转向，普拉蒂尼打趣地说："在这次世界杯之前，大多数人都认为我们的水平相当于法乙，现在，很多人认为我们和巴西队相当，是他们夺冠的对手。如果真的是这样，我们的进步是不是太快了？"

法国队进入了四强的同时，德国队淘汰了西班牙队和英格兰队。7月8日，两支球队在塞维利亚的半决赛上遭遇。这是法国队历史上最富有戏剧色彩的比赛，更准确地说，是富有戏剧的最高境界，充满跌宕起伏和回肠荡气的情节，充满悲剧的味道，但是却一点都不让人感到悲观。对，这场比赛堪称不折不扣、不屈不挠、排山倒海般壮观！

第18分钟，德国人利特巴尔斯基（LITTBARSKI）首开纪录，普拉蒂尼在第29分钟主罚点球扳平了比分，1∶1的比分一直到终场都没有改写。到了加时赛，特雷索在第96分钟凌空抽射破门，紧接着，第99分钟，接西克斯（SIX）传中，守候在门前的吉雷瑟再下一城，法国队以3∶1暂时领先。

还有20分钟，占有两球优势的法国队看起来胜券在握了。在蒙马特的《队报》编辑部，当时的主编罗伯特已经给第二天的头条起好了名字："辉煌"。这时候，他显然没有想到德国人会完成惊天的逆转。是的，没有谁能够想到，在很多酒馆里看球的球迷已经提前打开了香槟。但是，这样的逆转很快开始了。首先是103分钟，鲁梅尼格为德国队扳回一球，紧接着，在第118分钟，菲舍尔把比分定格在了3：3。

于是，点球大战开始了。吉雷瑟、阿莫罗斯、罗歇托和普拉蒂尼打进了4球，但是西克斯和博西斯（BOSSIS）却分别射失，结果法国队以4：5告负，痛失了进入决赛的资格。在短短的130分钟的比赛中，法国队乃至于法国球迷从兴奋的天堂最终跌入了失望的地狱。《队报》特派记者埃尔诺在发回来的报道中这样写道："艰难，太艰难了，这场比赛的艰难，超出了我们可能用任何字眼的表达。"

毫无疑问，对于法国队上下，对于已经排好了第二天的头版的媒体，对于所有的球迷，这都是一次彻底的失望。但是回过头来看，这也标志着法国队的实力在那个年代已经重新跻身一流行列。所以，法国《队报》第二天的头版仍然沿用了"辉煌"这个标题。如果能够输成这样，那才叫虽败犹荣！何况，自从1958年以来，法国队还从来都没有在世界杯中进入第二轮！毕竟，在点球上输给德国，双方之间的差距实在是微乎其微，与其说是输在实力上，不如说是输在运气上。雅凯率领的法国队在1998年的世界杯上，同样有过点球决胜的关头，但那时，法国队的运气显然更旺。

多年之后，作为当事人的普拉蒂尼这样感慨："这是一个终生难忘的晚上，那种感受的密集和强烈，那种惊心动魄，一生中都难得遇到，并且不会再有。我相信，这是我职业生涯中最好的一场比赛，也是我一生中始终记忆犹新的一场比赛。"

这是一场如此投入，如此艰苦卓绝的比赛，以至于双方都如此疲惫，在接下来的决赛和争夺第三名的比赛中分别失利。普拉蒂尼等筋疲力尽的主力没有上场，众多替补获得了首发的机会，结果，法国队以2∶3负于实力并不出众但却众志成城的黑马——波兰。虽然连败两场，但是，回到法国时仍然受到了英雄般的迎接。获得了世界杯的第四名，这已经是一个出乎所有人预期的好成绩了。

1982年世界杯，也是普拉蒂尼一代在法国队登上的第一个高峰。除了普拉蒂尼和吉雷瑟等后来公认的足球天才之外，时过境迁之后想起来，那都是一个足球没法不兴盛的年代。首先我们来看看法国足协，在萨斯特的励精图治下，法国足球的最高权力机构达到了自己前所未有的鼎盛时期，而法国队的主帅伊达尔戈，正在成就自己独一无二的声望，是的，就声望而言，他甚至要超过后来唯一一次带领法国队获得冠军的雅凯。

伊达尔戈最大的作为，其实就是没有作为。换言之，也就是完全给予普拉蒂尼所有的自由，并且根据普拉蒂尼的表现调整整个球队的部署。科帕在自己的巅峰时代同样遇到了这样一

个主教练，就是巴托，巴托离开国家队之后，缺乏信任的科帕
在国家队几乎立即走下了神坛。所以，伊达尔戈一再为能拥有
普拉蒂尼而感到幸运，而对于普拉蒂尼又何尝不是如此！没有
伊达尔戈的放手，怎么能有普拉蒂尼的快意和神奇呢？

伊达尔戈和普拉蒂尼，这对师徒组合堪称绝配。他们虽然
在世界杯上和登顶的机会失之交臂，但是，在随后的主场欧洲
杯上却将抵达巅峰。而在此之前，法国队的灵魂人物普拉蒂尼
已经进入到了春风得意之中。1983年，普拉蒂尼转会到了尤文
图斯，并且在当年获得了金球奖。这也是科帕在1958年之后第
二个法国人获此殊荣。更难能可贵的是，他在1984年和1985年
两次蝉联了金球奖，在金球奖的历史上，这也是第一次。

从普拉蒂尼的个人层面回到法国足球的国家层面，作为组
织者，法国足协最得意的两个世界性赛事莫过于1984年的欧洲
杯和1998年的世界杯了，不光是举办得无可挑剔，更为重要的
是，他们在这两次比赛中都以东道主的身份，留下了这两座奖
杯。这也是两代法国最杰出的球员和最杰出的教练，迄今为止
仍然是法国球迷最美好的回忆。这两个杯赛也是当时的足协大
佬萨斯特最大的骄傲。从1984年的欧洲杯开始，萨斯特就喜欢
上了普拉蒂尼这个足球场上的天才，而在随后普拉蒂尼担任主
教练期间，又发现了普拉蒂尼的组织天赋，所以，在准备1998

年世界杯的时候，他专门邀请普拉蒂尼和自己共同担任组委会主席。

这些当然都是后话。回到1982年，那时候的法国队虽然已经焕然一新，但是，大家的怀疑是，这样的状态会持续多久？这也难怪，进球的效率和状态的稳定是衡量一个球队成熟与否的重要标准，也恰好是法国队最为缺乏的两点，这也是法国队在历次大赛中未能捧杯的主要原因。因此，法国人创建了国际足联，发明了世界杯，发明了欧洲杯和冠军杯，却一直没有问鼎过这些赛事中的任何一项。且慢，伊达尔戈和普拉蒂尼距离世界杯的那一点点差距，很快就在1984年的欧洲杯上弥补了。

"魔术师"捧起了欧洲杯

作为东道主直接出线，使得在世界杯和欧洲杯的两年空档期间，法国队只有友谊赛可以打了。在这些比赛中，连战连胜的法国队俨然已经摆出了一幅前所未有的霸主的姿态。2∶1战胜荷兰队，3∶0战胜葡萄牙队，4∶0战胜南斯拉夫队等都值得圈点，而最经典的一场就是1984年2月29日2∶1战胜英格兰队了。在这场比赛之前，刚刚在尤文图斯梅开二度的普拉蒂尼以17粒进球和济科并列意甲射手榜首，而在王子公园球场，他再次让球迷相信，童话可以是真的。第58分钟，吉雷瑟右路下底传中，普拉蒂尼禁区内头槌破门，比分成为1∶0。第71分钟，快速、大力、精准，普式定位球再次演绎，在全场的惊讶中，比分定格在了2∶0。

赛后，《队报》主编埃尔诺给予了普拉蒂尼极高的评价："这场法国队和英格兰队的比赛邀请我们看到了普拉蒂尼的足球艺术，不光是进球，不光是组织，他还常常恰到好处地回防，尤其有一种统揽全局的视野，使得他在个人的表现之外，还像一部发动机一样，把球队的重心带往最需要的地方。普拉蒂尼已经成了一个巨人，一个法国足球的巨人，并且正在超出自己的时代，成为一个世界足球的巨人。"

拥有这样一个可以以一己之力改变比赛格局的巨人，法国队已经上了一个台阶。与此同时，法国队也几乎染上了普拉蒂尼依靠症。居安思危，伊达尔戈考虑的问题是，一旦普拉蒂尼缺席法国队该怎么办呢？在和德国队的热身赛中，由于随俱乐部参加优胜者杯的决赛，普拉蒂尼没有参加法国队的赛前集训。伊达尔戈正好开始准备自己的B方案，很简单，那就是让博西斯作为普拉蒂尼之外的另外一个场上队长，结果，同样获得了成功（比分为1∶0）。这表明就算没有普拉蒂尼，蒂加纳和吉雷瑟等星光同样灿烂，法国队也同样不能小觑。

在法国7个不同城市举行的第七届欧洲杯上，作为举办国省掉了预选赛的法国队终于有了夺冠的雄心，也成了舆论朝向的热门。1984年6月12日，在王子公园球场的揭幕战上，法国队的第一个对手是丹麦队。面对法国队的强大火力，丹麦队有针对性地采用了密集防守的办法，整个上半场都让法国队无能为力。直到第78分钟，蒂加纳和吉雷瑟的一个二过一配合之后，蒂加纳射门被对方门将扑出，普拉蒂尼补射成功，为法国队打进了全场唯一进球，法国队1∶0获胜。

如果说在第一场比赛中，丹麦人卓有成效地盯死了普拉蒂尼，那么，比利时队显然没有从中吸取教训。6月16日的第二场比赛几乎成了法国队的表演赛，号称"铁三角"的普拉蒂尼、蒂加纳和吉雷瑟包揽了全部5个进球，普拉蒂尼个人独中三元，包括第一个和最后一个。这样的攻势足球几乎是法国队历史上从来没有过的，势如潮水的进攻和纷至沓来的进球，也让所有的球迷体会到了从来没有过的快意。

小组赛最后一场比赛的对手是南斯拉夫队，连胜两场的法国队已经提前完成了晋级任务。但是圣埃蒂安，这里是普拉蒂尼的第二个俱乐部，几乎所有人都是普拉蒂尼的球迷！在全场的欢呼声中，普拉蒂尼没有让他们失望，全场比赛法国队总计有3个进球，全部被普拉蒂尼一个人包揽。第59分钟，接费雷利右路长传，禁区左侧的普拉蒂尼推射破门扳平了比分，1∶1。两分钟之后，巴蒂斯通传中，普拉蒂尼门前鱼跃冲顶头槌破门，2∶1。第76分钟，普拉蒂尼主罚直接任意球，很简单，又是一个进球，3∶1。左路、中路、右路、头球、任意球，这是普拉蒂尼的一次个人技术展！

至此，在小组赛的3场比赛中，普拉蒂尼的进球已经达到了7个。这场比赛之后，主教练伊达尔戈很感慨地说："拥有普拉蒂尼这样的球星，我几乎成了一个观众，我不需要指挥，因为我没法想象他所能创造的奇迹！我甚至觉得，就连他的脚都是聪明的，而足球也是他遥控的！"

6月23日，半决赛在马赛举行，对手是葡萄牙队。"如果没有塞维利亚的失败，就不会有马赛的成功。"在成功进入决赛之后，普拉蒂尼这么总结道。对，这几乎是一场和两年前世界杯上面对德国一样的艰苦场面，就连第90分钟终场哨吹响的时候比分都是一样的，1∶1。同样的加时赛，同样的场面，但是法国队所处的，却是和世界杯完全不同的风向。2∶2打平之后，第119分钟，蒂加纳前场抢断后直插底线，普拉蒂尼则会意跟上，在禁区内接蒂加纳回传后一停一射，打进了自己本届欧洲杯上的第8球，并且把比分锁定在了3∶2。法国队逢大赛半决赛无法突破的魔咒从此打破，第一次进入了决赛圈。

6月27日，决赛回到王子公园球场举行，对手是西班牙队。在给法国队颁奖之后，密特朗总统亲自来到了现场。密特朗是一个有名的体育迷，一个内行的球迷，自从1981年当选总统以来，几乎没有错过任何一场决赛。这个天才的政治家，见证了一个天才的球星。一直到中场休息的时候，就像在这里举行的首场比赛一样，比分仍然是0：0。这时候，密特朗告诉随行的体育部长阿维斯："现在，到了普拉蒂尼施展定位球绝技的时候了。"

不知道部长是否把这个命令传达到了普拉蒂尼本人，但是，法国队的确是靠着普拉蒂尼的任意球获得了胜利。第57分钟，普拉蒂尼在18米外主罚直接任意球，所有人，包括密特朗总统在内，都看到皮球飘向了底线，但是，在抵达底线之前，这个皮球突然魔术般转了一个弯，轻轻地飘进了大门，1：0。整个球场沸腾了，而西班牙门将阿科纳达（ARCONADA）则半晌没有回过神来，他没法相信这一切是真的。是真的，不信可以看录像回放！这是普拉蒂尼在这届欧洲杯上的第九个进球，也是最神奇的一个。第90分钟，贝洛内为法国队再下一城，法国队2：0获胜。

法国队获得了有史以来的第一个重要奖杯。在此之前，法国队只有过一次欧洲青年杯（1949年）和军人世界杯（1957

年）的冠军头衔。在场的国际足联主席阿维兰热、欧洲足联主席乔治、还有法国足协主席萨斯特都热情地拥抱在一起。以法国人德劳内命名的欧洲杯，终于被法国人普拉蒂尼举起了……

这是一项如此重要的成功，以至于这个成功的幕后英雄——主教练伊达尔戈决意急流勇退。值得玩味的是，在1998年的世界杯之后，雅凯做出了同样的决定。伊达尔戈担任法国队主教练长达8年之久，如果和前任相比，他的成绩好得简直不能再好，总计75场比赛，胜41场、平16场、负18场，总计打进139球，只被进了72球。除了成绩之外，他执教的每场比赛的过程也是法国队历史上绝无仅有的精彩阶段，全部采用"433"的攻势足球，无论胜负均是酣畅淋漓、快意江湖。这一点，不知道要强上后来的雅凯多少倍。所以，如果你问起历史上最好的法国队，大多数法国老球迷都会告诉你，那肯定是1984年的法国队。

巨人的背影

辞职之后的伊达尔戈担任法国足协技术部主管，接替伊达尔戈的是助理教练亨利·米歇尔。这虽然是法国足协的一个惯例，但是，亨利·米歇尔却是他们精心选择的。伊达尔戈早就扬言要在欧洲杯后去职，而法国足协主席萨斯特从那时候开始就精心地培养了亨利·米歇尔。在米歇尔任内，国际奥委会决定允许25岁以下的职业球员参加奥运会的比赛，于是，法国队在1984年洛杉矶奥运会上获得了一块金牌。

离任之后，伊达尔戈这样告诉自己的前助手："获得欧洲杯是法国队称雄世界的第一步，现在这一步完成了，接下来，要考虑怎样完成下一步。"伊达尔戈没有说错，但是他没有想到，亨利·米歇尔也没有想到，在1986年的墨西哥世界杯之后，法国队又两次失去了世界杯的参赛资格，直到1998年，法国队才以东道主的身份获得了出线资格，并且获得了第一次冠军。那次冠军之后，和伊达尔戈一样，当时的足协主席萨斯特决定让贤，接任的是法亚德（FOURNET FAYARD）。

渐渐的，冠军的辉煌时代也随着主帅和主席的先后离开而终将渐行渐远。1984年，在法国队的12场比赛中，法国队取得了12次胜利，空前绝后。这个辉煌是法国足球的，同时也是普拉蒂尼的。1977年，他在和保加利亚队一战中决定性的进球使法国队获得了1978年阿根廷世界杯出线权，在1981年法国队和荷兰队的比赛中同样靠他的进球取得了西班牙世界杯的入场券，而在1984年11月16日和南斯拉夫队的预选赛上，又是他的两个进球奠定了胜局。但是，在1985年5月2日和保加利亚队的比赛中，普拉蒂尼哑火了，法国队终于结束了连胜的势头。

而随后，普拉蒂尼遭遇了自己最黑色的一场比赛。那是1985年5月29日，在布鲁塞尔的海瑟尔（HEYSEL）球场，尤文图斯和利物浦的冠军杯决赛中，虽然尤文图斯1∶0获得了冠军，但是该场比赛因为足球流氓引发的42人死亡的惨剧让普拉蒂尼蒙上了终生的阴影，甚至一直到担任欧洲足联主席的时候都不敢想起。当时甚至有人质疑普拉蒂尼，为什么不可以拒绝比赛呢？但是设身处地地想一想，这并不是普拉蒂尼所能决定的！

那一年，普拉蒂尼加冕了自己的第三个金球奖。在那个悲剧之后，普拉蒂尼重新感觉到了幸运之神对自己的眷顾。接下来，法国队2∶0战胜了南斯拉夫队，虽然场面很难看，但是毕竟由此拿到了1986年墨西哥世界杯的入场券，这也是法国队连续三次晋级世界杯了。作为新科欧洲杯冠军，这一次法国队甚至被公认为夺标的热门之一。

虽然已露疲态，但是这一代天才球星，就算是靠着惯性，仍然可以保持高姿态。在小组赛上，普拉蒂尼没有进球，甚至没有进入状态，但是他的队友蒂加纳、罗歇托、费尔南德斯，还有在本次世界杯上脱颖而出的年仅23岁的射手帕潘，他们先是1∶0战胜加拿大队，接着0∶0战平苏联队，接着3∶0战胜了匈牙利队，一帆风顺地进入了16强。

八分之一决赛的对手是意大利队，普拉蒂尼作为一个意大利后裔，同时还是意甲的头号球星，面对这个"第二祖国"，他重新变成了那个法国球迷期待中的普拉蒂尼。15分钟，法国队三名元老的配合一气呵成，接费尔南德斯抢断之后的长传，罗歇托直塞普拉蒂尼，后者起脚破门首开纪录，这也是普拉蒂尼在法国队的第40个进球，他创造了一个新的纪录。最终，法国队以2∶0晋级。第二天，就是普拉蒂尼的生日，没有香槟也没有蛋糕，普拉蒂尼很真诚地说："战胜意大利队，就是队友们送给我的最好的生日礼物。"

四分之一决赛，法国队遇到的是巴西队。如果说三次获得世界杯冠军的意大利队曾经是法国队的克星，那么，法国队算得上是同样三次获得冠军的巴西队的克星了。在这场比赛中，尽管巴西队先发制人，但是普拉蒂尼扳平了比分，这是他在第41分钟打进的自己在国家队的第41个进球，是不是很巧合呢？接下来的加时赛，双方都没有进球，直到点球大战，普拉蒂尼虽然射失，但是第5个出场的费尔南德斯打中之后，法国队仍然以4∶3战胜了对方。

半决赛上，法国队遇到了老对手德国队，鲁梅尼格和马特乌斯的德国队。那么，法国队是不是还会重演塞维利亚那样悲壮的一幕呢？不，法国队虽然拥有众多的明星，但是这些明星都已经力不从心了，经过和意大利队、巴西队的两场苦战，普拉蒂尼和吉雷瑟等老将已经疲惫不堪。《队报》赛后给他们分别打出了4分，差不多都是他们国家队生涯的最低分。自然而然，这样的状态当然抵挡不住德国队的攻势，法国队最终0：2负于对方，再一次止步四强。

对此，普拉蒂尼无比遗憾："如果从1982年到1986年每年都有世界杯，那么我们最少能赢两到三次。在1986年，我们是当之无愧的世界最好的球队，我们完全有理由捧杯！"在争夺第3名的比赛中，亨利·米歇尔不得不放弃了绝大部分已经不在状态的主力球员，包括普拉蒂尼和吉雷瑟等球星，换上了以帕潘和阿莫罗斯为主的替补阵容。结果，法国队在2：2战平之后，在加时赛上4：2战胜了比利时队。最终，法国队获得了第三名，这也是普拉蒂尼参加的3次世界杯中成绩最好的一次。

这次世界杯之后，普拉蒂尼一代纷纷挂靴。普拉蒂尼本人一直等到了1987年4月和爱尔兰队的一场比赛之后，正式宣布退役。在此之前，他甚至没有透露任何的口风，但是，一直到那时为止，普拉蒂尼已经连续26场没有进球了。换言之，普拉蒂尼知道自己已经不再是那个英雄普拉蒂尼了。整个职业生涯，普拉蒂尼总计676场比赛中，效力国家队72场，总计365个进球当中，国家队41个。

就像当年的方丹一样，普拉蒂尼决定离开球场，做一个简单的观众。但是，他和方丹不一样，他在场外，注定还是一个英雄。先是担任国家队主教练，接着担任法国足协副主席和1998年世界杯组委会主席，再然后担任欧洲足联主席，这样丰富的职业生涯甚至不亚于他的球星时代！不管怎样，他的退役同时意味着一个法国足球的黄金年代的终结，他要看到的，却又是一个动荡的年代。在这个年代，普拉蒂尼的队友当中只有一个孤独地发出那么一点光亮，那就是帕潘。

一个好消息是，在这一年，时任足协主席弗奈特·法亚德再次提出了申办世界杯的计划，并且获得了时任总理希拉克的支持。继左派的密特朗之后，右派的希拉克是法国队的另外一个铁杆球迷。正是在他的总统任期内，法国队获得了第一次世界杯冠军！那时候，带领法国队赢得这次冠军的，是雅凯。回到十年之前，在法国联赛上，圣埃蒂安的时代已经成为历史。巴黎圣日耳曼和波尔多成了两个新的超级俱乐部，而波尔多的主教练就是雅凯。

现在时普拉蒂尼

笔者和普拉蒂尼打过多次照面，正式的采访就有两次。第一次是在苏黎世国际足联总部，接着，在他的位于巴黎中心那座典型城堡式建筑的办公室采访了他。我们可以从以下这篇2004年的采访中，可以从他自己的声音中，穿越到那个时代。这篇采访实际上也算是过去时了，现在的普拉蒂尼是欧洲足联主席，还是国际足联主席的最热门候选人。但是不管他担任的职务有什么变化，他的个性，他的生活，他的向往都是一样的。

像很多政治家一样，普拉蒂尼的记忆力很惊人，而且见过你几次之后就把你当成了朋友。走出那一个狭小的电梯，4楼右首就是他的办公室了。房间很宽敞，但很简单，办公桌和茶几上堆满了各种各样的文件。

笔者坐下的时候，他的助手赶忙过来问笔者想要喝些什么。当笔者有点虚伪地推辞，普拉蒂尼连忙说："千万不要客气啊。"语气中满是诚恳。接着，他诡秘地挤着眼解释道："放心，这里的一切都由足联承担费用！"这让笔者想起回国时和哥们儿之间吃饭时听到的"尽管吃，我能报销"一样心里没有一点负担。

在采访开始前，笔者照例给普拉蒂尼看了我们新出版的《足球周刊》杂志和《体坛周报》，普拉蒂尼翻着里面的插图，遗憾地说："可惜自己读不懂中文。"想了想又补充道："好在足球本身就是通行的语言。"

有时候笔者想，其实普拉蒂尼挺适合做演员的，他有那种天分。他的眼睛不停地有各种各样的信息传输，他的表情始终是那么诡秘和丰富，他的天然的平易近人和幽默风趣的性格常常使你忘记，坐在自己面前的是一个过去时的足球巨星和现在时的足坛强人。

采访在很轻松的氛围中开始了。半个多小时之后，当笔者问完最后一个问题的时候，普拉蒂尼说："现在轮到我问你啦！我有一个问题，怎样用中文说谢谢？"笔者告诉他以后，他很高兴地现炒现卖向笔者用半生不熟的汉语说"谢谢"。那种投入和快乐的样子，像一个十足的大男孩。握手告别之后，普拉蒂尼打开了手机。据他的秘书布朗说，其实，他一天中的很多时间都是在电话中度过的。

"我知道我在中国很有名"

笔者：您是世界上最有名的球星之一，在中国也享有很高的声望。

普拉蒂尼：（他对这句恭维话似乎感到习以为常，但仍然很灿烂地笑了）我知道我在中国很有名，很多去过那里的人都向我说过。但主要是那些老球迷。（这时，他的助手送来了咖啡，听到了我们的对话，向笔者千叮咛万嘱咐说一定不要在采访中写普拉蒂尼的地址，他一副担心的表情："否则，在中国和日本记者的围攻下，这里就再也不得安宁了！"）

笔者：年轻的球迷也一样。

普拉蒂尼：是吗！但这一点我倒是不太理解，怎么会呢？因为年轻人没有看到我踢球啊！我始终都觉得，在足球圈，只有场上的比赛才是生命线。

笔者：您对中国足球了解吗？

普拉蒂尼：（想了半晌）不了解。我知道有些法国球员去那里踢球，比如佩雷兹，好像是在上海待了三年，对那里的印象很好。2002年中国首次进入了世界杯决赛，这很好，尽管在世界杯上的表现并不尽如人意，但总算有了一个开始。我想米卢做出了他自己的贡献。尽管我自己一次也没有去过中国，没有任何感性的认识，但是我知道，那里的足球在发展，在不断取得进步。

笔者：您没有去中国的计划吗？

普拉蒂尼：现在还没有，最近两年都没有。如果今年女足世界杯在中国举行的话，我就可以去了，但不幸的是苏黎世会议决定易地了。希望以后还会有机会！

笔者：2003年年底张吉龙主席告诉我说，您将和布拉特一起参加亚洲杯？

普拉蒂尼：事情是这样的，2003年国际足联法兰克福执委会召开的时候，中国足协向我发出了邀请。我很感谢中国方面的盛情，我也很希望届时能够成行。中国在世界上的声音越来越大了，足球也不是一个例外，这一次，中国足协发出来的就是一个很好的信号。

笔者：您的意思是，现在还没有做出是否去中国的决定？

普拉蒂尼：是的，要到四五月份才能最后定下来。从时间安排上来看，那时候欧洲杯刚刚结束，坦率地说，我个人觉得很难。

笔者：说到2003年的女足世界杯易地，当时国际足联未免有点过分紧张了。

普拉蒂尼：是的，我们现在可以轻松地得出这样的结论。但是那次执委会你也去采访了，当时，我们的确没有别的选择，因为没有人能保证形势可以在很短时间内控制。你知道，在特定的时候，这是没有办法的事。

"我已经48岁了，踢不动球了"

笔者：当年，您和吉雷瑟·蒂加纳组成了一个"铁三角"，现在你们之间还有联络吗？

普拉蒂尼：当然有联系啊，其中，和蒂加纳的联系要多一些，我们经常通电话，也经常在一起聚。和吉雷瑟相对来说要少一些，他现在在摩洛哥的一个俱乐部做教练。

笔者：您现在还经常踢球吗？

普拉蒂尼：在退役以后一直都坚持踢，基本上是每个周日都踢一场。但是，最近两年基本不踢了！（说到这，普拉蒂尼露出很感伤的样子，他的表情有时候很夸张。）

笔者：为什么呢？

普拉蒂尼：（直了直身子）踢不动了，一场下来我的腿和腰都很疼。你知道，我已经48岁了，踢不动球了，踢场比赛不容易！

笔者：您现在的活动主要集中在场外了？

普拉蒂尼：是啊！在场内，我是一个10号，担任组织者的任务，在场外，同样要发挥作用。

笔者：大家都把您当作欧洲足联和国际足联的一个实权

人物。

普拉蒂尼：作为一个球员，退役快20年了还活跃在足球圈中是我的荣幸。不过，尽管我是欧洲足联和国际足联的执委，但是实际上并没有什么权力。要想真正发挥出自己的影响，必须要进入到权力的核心才行。简单地说，如果你想做出一番改革的话，那就需要去做主席，无论是在欧洲足联还是国际足联。

笔者：所以，您曾经发表声明说不想接替西蒙内的法国足协主席职务？

普拉蒂尼：是的，因为我对于这个职务不感兴趣。而且，坦率地说，我也不了解法国足协的内部管理和运作。法国足协的工作包括职业联赛和业余联赛，包括国家队，这两个方面都不是我很熟悉的，因为我从来也没有在其中工作过。

笔者：您感兴趣的只是欧洲足联和国际足联的主席职位？

普拉蒂尼：的确，和法国足协相比，我更了解欧洲足联和国际足联，因此，我对于这两个协会有更多的野心。

"我要捍卫我的体育"

笔者：您的很多想法都引起了很大争议，比如取消冠军杯的建议？

普拉蒂尼：是的，我有和大家不一样的一个观点（对此，他显得很得意），因为我要捍卫我的体育。欧洲俱乐部的比赛越来越封闭了，在舞台上的，总是那么30几个俱乐部。就像在亚洲，举办一个日本、韩国和沙特3个国家的俱乐部联赛，但是中国的冠军队却没法参加，这公平吗？在欧洲，罗马尼亚就没有参加，我不喜欢这样。

笔者：但这不妨碍冠军杯的比赛都很精彩。

普拉蒂尼：是的，比赛都很精彩，我不否认，从来也没有否认，这是一项高水平的赛事。但是我不喜欢，因为这是一场大俱乐部对于小俱乐部的欺凌，是富裕对于贫穷的嘲笑。

笔者：金钱也是促进足球发展的因素？

普拉蒂尼：对于金钱，我没有什么反对的。但是，对于所有人都应该有一个公平的规则。各国的税费不同，电视转播权的分配差异也很大，在有些国家财务危机的俱乐部会立即降级，有些国家，却总有很多出路，这是不合理的！

笔者：您认为联盟杯也要取消吗？

普拉蒂尼：对，因为这个杯赛没有任何意义，没有人感兴趣。多少年前，还有很多好的比赛，现在却很少了。有一个好看的俱乐部杯赛就足够了，我想。

笔者：您的这个建议引起了以G14①为代表的几乎所有欧洲豪门的反对？

普拉蒂尼：是的。但是这不重要，因为有90％的球迷支持这个想法。另外，还有电视和其他媒体都对于这个方案持积极的态度。当然，我不否认，这项方案获得最后通过还很难。对各大俱乐部的反对态度，我并不感到意外。我希望他们能听到代表足球的声音。对于我的想法，我将坚持到底，就算最后为此一无所有也无所谓。

笔者：他们有很大的权力和影响。

普拉蒂尼：但是做出决定的不是他们，而是欧洲足联。G14永远都不会得到权威的资格。只有欧洲足联和国际足联才有组织的权力。如果让这18个俱乐部控制了世界足球，我想象不出来会变成什么样子了。

笔者：看得出来，您对G14很反感。

普拉蒂尼：G14到底代表什么呢？将来，是不是还可以有个X10什么的？比如皇马，我想如果在未来不能解决好财务问题，我们应该取消它参加冠军杯的资格。欧洲足联需要有这样的勇气才行。

———————————

①G14，是指欧洲足球的G14集团，它是由14家欧洲豪门俱乐部为维护自己的利益，共同对付国际足联和欧洲足联等足坛权力垄断机构而于2000年在比利时布鲁塞尔自发成立的民间组织。该组织于2008年1月解散。

笔者：在法国队，你是当年的核心，现在是齐达内，亨利在本届联合会杯中也显示了领头羊的实力。他们都是在离开尤文图斯以后成功的，而你是在尤文图斯成功的。

普拉蒂尼：他们到尤文图斯的时候都很年轻，比如亨利是20岁吧？我记不太清楚了。自然需要时间才能发挥自己的最好状态，就算是二十四五岁，也还有很多事情需要完善。而我那时已经是28岁了，是最好的年龄。

笔者：相对于英超和西甲来说，意甲好像在退步？

普拉蒂尼：我想，这可能是因为从前意大利汇聚了世界上所有最优秀的球员，现在却没法做到了。虽然最优秀的球员没有集中到意大利，但是意甲联赛的水平仍然是最好的。去年冠军杯的决赛就是在两个意大利球队之间进行的。

笔者：这场决赛看起来并不怎么样啊！

普拉蒂尼：对，但这毕竟是冠军杯决赛，代表了俱乐部比赛的最高水准。而且你注意，参加的两支球队是意大利的，不是西班牙，也不是英格兰的（他特意这么强调说，表现得很自豪的样子）。所以，当今最好的俱乐部在意大利。（沉吟了半晌之后）也许意大利的确是变了，这是俱乐部遭遇经济危机的原因，反观西班牙和英格兰的俱乐部，确实都很强大。在当今的足球世界，金钱起了一个很重要的作用。

"最喜欢的是朋友聚会和开玩笑"

笔者：您担任很多职务，比如法国足协副主席以及欧洲足联和国际足联执委，怎样分配这些工作呢？

普拉蒂尼：这些都不是很紧张的工作，也没有很大的责任。在法国足协，一切都很顺利，我并不需要费很多精力，在欧洲足联我也没有很多事情处理，倒是在国际足联，事情要稍多一些，主要是委员会之间的协调，比如技术委员会（普拉蒂尼是该委员会的主席，记者注）和世界杯组委会等，经常需要到处出差。工作，不断地工作，但是对我来说，这毕竟算不上一个职业，我的职业是在电视台工作。

笔者：说到电视，您在CANAL+^①做冠军杯评论员和在法国足协、欧洲足联以及国际足联的工作不冲突吗？

普拉蒂尼：（笑了）我拿的就是CANAL+的工资呵！我看不出来，在CANAL+工作和欧洲足联以及国际足联有什么不合适的。在欧洲足联和国际足联，我只是参加执委会会议而已！至于在CANAL+看比赛和做评论，这让我很喜欢。没法踢足球了，

①CANAL+（Canal 在法语中的意思是"提供更多内容的电视台"）是法国一个成立于1984年11月4日的付费电视台，是法国第四个电视频道。1986年，Canal+已有一百万观众。

讲足球，也是一个让人着迷的事。

笔者：何况，很多球员和教练您都很熟悉。

普拉蒂尼：的确，和熟悉的球员或者教练交流让你感到很自在和开心。不过，现在的球员越来越年轻，我熟悉的也越来越少了，除了法国的国脚还经常有机会遇到。

笔者：现在，您可以有很多时间和家人在一起了。

普拉蒂尼：是的，这对我来说很重要。其实，我现在仍然要到处跑，不过，在工作日程安排上，这也是我首先考虑的一件事，我始终都尽量和家人待在一起。

笔者：讲一讲您的家庭好吗？

普拉蒂尼：好的，我结婚已经26年，不对，27年了。时间过得真快啊！我有两个孩子，一个24岁，一个23岁，一个男孩，一个女孩，男孩叫罗朗，女孩叫玛利娜。

笔者：在足球之外，您最热衷什么？

普拉蒂尼：我不太善于动手，没法像很多法国人那样在家里修修补补、养花种草。我接受的教育不多，所以，在读书方面也不在行，尽管，其实我很喜欢读书，我甚至想自己需要重新接受教育，养成一些文化品味。但是小说和文学这些东西其实我也不是太感兴趣。我只是看一些报纸和杂志。如果说喜欢的话，我最喜欢的是高尔夫，但远远不是发烧友。另外，我喜欢和朋友们在一起。一起开玩笑、聊天，这都是我最喜欢的时间。（他边说边皱着眉头想，好像突然之间找到了答案，总结道）对啦，朋友聚会和开玩笑，是我最喜欢的两件事！

第五章　1987—1993年：
巨星留下的空缺

巨星留下的空缺

　　普拉蒂尼在役的时候，我们看到了他给法国队带来的光荣，而直到他退役之后，才更清楚地知道他在法国队中曾经起到了多么无法替代的作用。从1988年到1993年，没有了普拉蒂尼的法国队就像没有了灵魂一样，重新沦落到了动荡和失魂落魄的状态当中。在这个年代，并不是没有球星，坎通纳的大名几乎没有人不知道，还有吉诺拉，尤其是帕潘，这个亨利·米歇尔执教期间普拉蒂尼唯一的传人，继科帕和普拉蒂尼之后，成了法国足球史上的第三个金球奖得主。不过，如果对比科帕和普拉蒂尼曾经引领的时代，帕潘顶多是一个特立独行的个人英雄，他和搭档坎通纳一道常常以个人之力挽狂澜于既倒，但是，那始终是一个局部的春天。

值得玩味的地方在于，和法国队的整体迷失相比，这是法国联赛最辉煌的时代。那时候，马赛已经代替了圣埃蒂安，成为新的法甲霸主。和圣埃蒂安以及此前的兰斯不同，法国的"红顶商人"塔皮担任主席的马赛在那个时代俨然晋身到了欧洲顶级豪门的行列：1988年和1990年冠军杯的四强，1991年打入决赛，1993年在慕尼黑夺冠，这也是法国俱乐部唯一一次获得冠军杯。在法国队，几乎清一色的是马赛队员，普拉蒂尼时代的首发阵容中就曾经有8名，其中的代表当然是队长帕潘。1991年，帕潘获得了金球奖，按照金球奖的评选规则，当然不全在于法国队的倒钩，也在于俱乐部的斐然成就。

那么，怎样解释这些球员在俱乐部和国家队的反差呢？为什么无论帕潘、坎通纳，还有吉诺拉，都是当时数一数二的球星，却都无法像普拉蒂尼或者后来的齐达内那样改变历史呢？显然，他们还没有足够的法力，更准确地说，他们可以称为传奇，而不是可以传颂的神话。同时必须承认的是，帕潘们遇到的是一个退潮的时代，在那个时代，几乎没有和他们水平相当的球星；而无论科帕、普拉蒂尼还是齐达内，他们遇到的都是涨潮的时代，在他们身边，有各自位置上的顶尖人物。两种不同时代的士气和运气具有天壤之别，而涨潮和退潮的不断交替，差不多就构成了法国队迄今为止110年的历史。

在1984年欧洲杯的冠军之后，法国队的退潮速度迅猛。在短短的6年时间当中，总计更换了3任主教练。1987年，亨利·米歇尔兵败挪威，失去了第二年卫冕欧洲杯的资格。紧接着，是意大利世界杯出线告急。在世界杯预选赛上被塞浦路斯队1:1战平的成绩，则把法国队彻底地逼到了绝境。塞浦路斯队是我们这个星球上最鱼腩的球队之一，当时在他们的整个足球史上仅有过两场胜利，在所有的欧洲杯和世界杯的预选赛上得到的总分数是4分。打不赢这个球队，几乎比打不进点球还难，但是，法国队偏偏就被他们逼平了。

这场比赛之后，亨利·米歇尔立即成了舆论围剿的靶子，媒体和球迷甚至缺席宣判了这个法国足协曾经力挺的主帅。在这种紧急关头，足球圈内外几乎一个口径地呼唤普拉蒂尼出山，当然，角色不再是作为队员，而是作为主教练。法国足协也想利用普拉蒂尼的威望重新唤起法国队的人气，于是，1988

年3月，普拉蒂尼就像当年的拿破仑一样，在不断声援亨利·米歇尔未果之后，直接执掌了法国队的大权，他的助手是后来成为另一位法国名帅的霍利尔。

帕潘昙花一现

虽然普拉蒂尼在国家队的41个进球纪录早已被亨利打破，但是直到如今，普拉蒂尼仍然保持着一项纪录，那就是法国最年轻的主教练，他当选的时候只有33岁！作为少帅的第一场比赛所带来的效果，就像作为球员首场进球一样立竿见影。普拉蒂尼首先重组了新老搭配的阵容，在重新招入了同样33岁的前队友蒂加纳之后，又引进了波尔多的两名新人罗什（ROCHE）和佩雷兹（PEREZ）。在贝尔格莱德，这支普氏法国队完成了战术组织和球队精神上的重生，整场表现让人耳目一新。不过，这并不是一次真正的重生，因为这场比赛毕竟以2∶3输掉了，而且，法国队也从此和1990年世界杯绝缘了。

尽管如此，这场比赛之后，第一次担任主教练的普拉蒂尼仍然满意地说："我为球队的表现感到骄傲，他们付出了自己的所有努力，现在，虽然比赛结果是负面的，但是，他们有了像我们在塞维利亚一样的经验，下一次，他们肯定会走得更远。"普拉蒂尼说的没错，尽管没机会参加1990年的意大利世界杯，这是普拉蒂尼多么向往的比赛啊！在尤文图斯退役之后，普拉蒂尼甚至把意大利当作了自己的第二故乡。就算是担任法国足协乃至于欧足联的主席之后，他都多次表示，尤文图斯才是世界上最大的俱乐部，最起码，对于他而言，对于他的那个时代如此。遗憾的是，这一次他只有做一个真正的观众了。

作为安慰，1990年2月和德国队的热身赛上，法国队2：1轻松地战胜了群星荟萃的德国队。当时担任德国队主教练的贝肯鲍尔为此愤怒地批评了自己的球员："不能因为法国人打得好，我们的场上队员就变成了观众。今天我们犯了太多的错误，但总的来说，就是被法国队控制了场上局面，而且抢断不力，从而陷入了被动。"法国队的确打得好，尤其是帕潘和坎通纳这对各进一球的锋线组合。意气风发的帕潘赛后甚至野心勃勃地说："普拉蒂尼之后，法国队一直缺乏的就是灵魂人物，我为什么不可以成为这样的一个呢？"

帕潘的确可以成为那样的一个，就像后齐达内时代的亨利也可以一样。但是，他们除了个人的天才之外，稍稍缺乏普拉蒂尼和齐达内那种领袖气质和气场。不管怎样，那是属于帕潘的年代，就像普拉蒂尼的定位球一样，帕潘的门前倒钩风靡一时，甚至干脆被命名为"帕潘式进球"。在对捷克斯洛伐克队以及西班牙队的欧洲杯预选赛中，帕潘均以这样独特的方式让法国球迷对于欧洲杯重新开始了美好憧憬。

1991年，是属于帕潘的一年，无论是在马赛俱乐部还是在国家队，他都所向披靡进球不断。在欧洲杯预选赛上，队长帕潘带领着法国队无往不胜，战绩骄人，俨然成了夺标的热门。在小组赛上，法国队竟然8战8胜。在欧洲杯或者世界杯上，这样的记录只有1982年的德国队曾经实现过，不过，含金量却大为不同。那时，德国队的对手要逊色得多，而法国队的对手，却赫然是捷克斯洛伐克队和西班牙队这样的欧洲劲旅，客场获胜大为可贵。

其时，西班牙队在塞维利亚27场不败，捷克斯洛伐克队在家门口则已经保持了40场不败。然而，他们的纪录就像他们的防线一样，在帕潘的刀锋下弱不禁风顷刻崩溃。法国队以2∶1的比分战胜捷克斯洛伐克队，帕潘包揽了两个进球；并以同样的比分战胜西班牙队，帕潘和队友费尔南德斯各下一城。法国队的表现顿时声震欧洲，就连荷兰名将里杰卡尔德都忍不住这样感叹："法国队是当今欧洲最好的球队，他们的锋芒远远在其他球队之上。我认为这至少有两个原因：首先，是普拉蒂尼和帕潘的明星效应；其次，是马赛为主的球员的默契配合。"

里杰卡尔德分析得很中肯，这支以马赛队员为班底的法国队确实得益于球员在俱乐部的配合。主教练普拉蒂尼毫不避讳这一点，在他看来，就像意大利以尤文图斯为班底一样，这样的做法天经地义。因此，他甚至曾经在首发阵容中一下子排出8名马赛队员。改变了这个做法的是普拉蒂尼的助手和继任者霍利尔，不过，这样的改革很快就遭遇了败绩。

帕潘和他的马赛队友带来的新鲜气息很快就被国内联赛的悲剧破坏了情绪。1992年5月，在科西嘉岛巴斯蒂亚举行的法国杯的半决赛上，发生了球场看台陷落的事故，当场有18人死亡，近百人受伤。一时之间，足球在法国甚至成了一个敏感的话题。紧接着，1992年6月就是斯德哥尔摩的欧洲杯了。在这样的背景下，所有媒体都没有大张旗鼓地报道法国队。他们后来才知道阴差阳错，其实，法国队也的确并没有什么值得炫耀的题材！

1992年，尽管发生了种种意外，法国足协还是对于球队发放了大量的奖金，并且做出了赢球之后的种种允诺。他们都相信，这是法国足球扭转颓势的机会，而普拉蒂尼和帕潘都肯定能够做到的，为此，法国足协不遗余力。遗憾的是，现实很快滑向了另外的方向。在6月10日的揭幕战上，法国队乏善可陈地以1∶1的比分战平了瑞典队，4天之后，再次以0∶0的比分战平了英格兰队，在和丹麦队的最后一场比赛上，帕潘的倒钩终于

灵验了，但是没有扭转败局（比分为1：2）。法国队暗淡无光
地被淘汰了。

"在整个欧洲杯期间，我们仅仅打了25分钟的比赛，其他
所有的时间我们都缩手缩脚，像锁在笼子里一样。"对于这三
场比赛，帕潘如是总结。当时的中场新秀德尚的分析显然更为
到位："我们没有运气，对，但这不光是运气的问题，而是，
我们根本就没有投入到比赛当中去。我们梦想了，我们期待
了，但是，我们根本就没有付出，根本就没有配合，根本就没
有打出应该打出的气势，我们怎么可能获得相应的回报呢？"

就算对于球员和教练而言，这都是支陌生的法国队，对于
媒体和舆论就更不言而喻了。对于这样的结果，普拉蒂尼的失
望是可以想象的。他们并不是没有问鼎的实力，前一年，帕潘
当选为金球奖得主，这也是当时欧洲最佳球员的标志，除了帕
潘，还有坎通纳和吉诺拉等球星，他们都属于欧洲顶级之列。
然而，足球虽然从来都是偶然的，但众志成城的士气却是必需
的，这样的道理，普拉蒂尼肯定懂得。而这样的士气，法国队
几乎完全没有。

不管怎样，普拉蒂尼的努力全都付之东流了，普拉蒂尼重
振法国队的梦想破碎了。1992年7月2日，国际足联宣布法国获
得了1998年世界杯的主办权。由于此前，普拉蒂尼就参与了申

办，因此，法国足协专门设置了两个组委会主席，一个是足协元老萨斯特，另一个就是普拉蒂尼。为了迎接这个新挑战，普拉蒂尼决定把自己在法国队主教练的位置交给自己的助手霍利尔。

吉诺拉的原罪

霍利尔上任曾经引起了很大的争议。除了作为普拉蒂尼的助手之外，他的履历表确实缺乏重量级的经验。很多人都在怀疑，这个英文教师能有什么办法拯救法国队呢？但是，在普拉蒂尼的力挺之下，霍利尔还是顺利就任了。对于霍利尔来说，第一个任务就是带领法国队在2年之后的美国世界杯上出线。看起来，这并不是一个艰难的使命，虽然法国队刚刚在欧洲杯上失利，但是，拥有帕潘和坎通纳就是一支公认强队的标签。

何况，刚刚获得了世界杯主办权，法国足球正处于一个前所未有的高潮时期。虽然国家队并没有出色的表现，但是垄断了法甲的马赛俱乐部在部长和阿迪达斯老板两个职务一身挑的强人塔皮的打造下，已然成了欧洲豪门之一。1993年，在决赛上击败AC米兰之后，他们为法国赢得了第一个冠军杯。那是法国足球的另外一个巅峰，德尚和巴特斯等球星都是那支冠军球队的核心。那时候，马赛已经代替了巴黎圣日耳曼和波尔多，成了法甲新的老大，并且实现了在此之前的兰斯和圣埃蒂安等历史豪门的梦想。

然而，好景不长，因为要让主力阵容更好地准备冠军杯，在联赛最后一场和瓦朗谢纳的比赛中，塔皮收买了对方球员。丑闻东窗事发，在欧洲足联的压力下，法国足协取消了马赛1993年联赛冠军的身份，并且把马赛降入乙级，而政治家和商人塔皮则因此面临了牢狱之灾，他和里昂信贷乃至和法国政府的官司现在还没有彻底结束。总而言之，冠军杯上的香槟之夜竟然成了绝唱，马赛的辉煌就此戛然而止。

这些灰色事件是不是会影响到法国队呢？当然会，从这时起，霍利尔决定清除法国队的马赛势力，由此引发了球队的内讧。吉诺拉等球星公开指责霍利尔，并且表示自己绝不做替补，坎通纳也公开支持这样的说法，一时之间，新老球员矛盾重重，球队内部出现了"地震"的前兆。就在这样的时刻，法国队要准备世界杯最后一场出线的生死战了。每一次世界杯或者欧洲杯，法国队能否出线的悬念差不多都会留给最后一场比赛，这几乎成了一个传统。

那是1993年11月17日，初冬的王子公园球场，冰冷的天气并没有阻挡爆满的球迷，他们希望法国队战胜保加利亚队，踏上美国世界杯之旅。帕潘和坎通纳两个当红的小生当仁不让，帕潘下底突破后传中，坎通纳冲顶破门，法国队以1：0暂时领先。不过很快，科斯塔迪诺夫（KOSTADINOV）为保加利亚队扳平了比分，而直到终场前，所有人都相信这是平局。但是吉诺拉改变了这一切，一个毫无理由的丢球，让科斯塔迪诺夫在第90分钟再下一城，最终，保加利亚队2：1战胜法国队，彻底摧毁了法国人的出线梦。法国队早已准备好了的香槟，就永远地留在冰箱里了。

那时候，还不流行假球这个说法，但是主教练霍利尔仍然忍不住严厉指责了吉诺拉。霍利尔的原话是说："吉诺拉这样的简单失误，是对于全队的努力的一次犯罪。"但是，舆论把霍利尔的指责简化为，吉诺拉是这场比赛的罪人。因为在这场比赛之前，吉诺拉就公开叫板霍利尔的权威，按照法国足协的建议，霍利尔应该立即遣返这名球员，但是霍利尔采用了怀柔的政策，把这个冲突限定在更衣室内，后来成了一个定时炸弹。

为此，吉诺拉，这个同样红极一时的球星，终生都背负着这样的骂名，终生都为此而遗憾。甚至在此后多年，他还无法理解，自己为什么会有那么低级的失误？而这个失误怎么会发生在那样紧要的关头？加上之前对于霍利尔的种种任性的挑衅，吉诺拉差不多真的像舆论所误解的那样，成了一个罪人。

不过，时过境迁之后看这段球员和教练的矛盾，双方都出自单纯的目的，还算是纯洁的了。而无论怎样蹊跷，这样的尴尬局面就要翻篇了。

在这场比赛，尤其是这样的内讧丑闻之后，法国足协受到了空前的压力。而对于压力，法国足协的例行办法当然是换帅。而这一次，就算是足协不换，霍利尔本人也不干了，比赛的一周之后，他就提出了辞呈。同样按照惯例，接任的主教练还是霍利尔的助手：雅凯。只是这一次，雅凯的任命出乎了很多人的意料。因为雅凯虽然在波尔多已经积累了自己的名声，但是和其他候选人相比，几乎完全不在一个重量级。

除了雅凯，候选人中赫然都是法国足球的名人，其中包括蒂加纳。这个普拉蒂尼的队友和朋友，几乎从这一年开始就一直担任了法国队选帅的配角，几乎一次都没有错过，而且，尽管有普拉蒂尼的力挺，居然能每次都落选。还有吉雷瑟，"铁三角"中的另外一个，他在这次竞选失败之后，和法国足球再也没有产生交集。另外一个候选人后来更加声名赫赫，他就是温格。这是温格唯一一次参加主教练的角逐，落选之后，温格几乎一直是法国足协眼中最好的主教练人选，但是温格却一再拒绝了法国足协的好意。

在历代法国足协主席当中，提倡无为而治的弗奈特·法亚德一直被认为是称职甚至英明的一个，最起码，1998年的世界杯，是他一手申办的。而为了这次世界杯，他给作为法国足协窗口的国家队选择了一个后来创造历史的主教练，而且，这并不是一个一边倒的决定。如果雅凯在1998年世界杯上毫无作为，弗奈特·法亚德还会有后来的地位吗？这个问题也可以换一种方式来提，那就是，如果不了解雅凯的个性和潜力，他敢于为此力排众议吗？

霍利尔，法国青训教父

虽然霍利尔执教生涯是从法国队开始的，但是，真正给他带来国际性声誉的却是在海外执教的成功经历。其实，他最大的成就是发起并成立了法国足协技术委员会，并且在漫长的时代中担任主任，专门负责各级国家队的选拔任命以及青年培训，成了法国足坛最有威望的元老之一。霍利尔主掌法国足协技术委员会期间，一举兴建了18个训练营，这些训练营的建设从根本上改善了法国足球人才培养的问题。正因为如此，虽然他现在已经不再担任任何职务，但是仍然和普拉蒂尼以及雅凯一样，在重大决策上拥有巨大的影响力。

在海外执教的法国教练中，霍利尔一直和温格相提并论，他们是法国球星大举流入英伦的主要动力。遗憾的是，霍利尔在利物浦的命运没有温格在阿森纳那样阳光灿烂。尽管如此，没有人否定，霍利尔在利物浦的6年改变了这支老牌劲旅，最简单的证据就是，直到他被辞退一年之后，还有很多球迷写信给他表示怀念。作为中国足协曾经关注的选帅对象，笔者曾经多次采访过霍利尔，霍利尔最喜欢说的就是那段利物浦的经历了。看到他那一副感动的神情，笔者就常常想，对于一个全身心投入了6年的教练来说，还能有什么比这段记忆更宝贵呢？

说老实话，采访霍利尔不是件轻松的事，和他接触过的很多记者恐怕都有这个体会。那是因为，执教法国队的时候，媒体的误解加重了他和吉诺拉的矛盾，而在英伦，英国小报记者的八卦则让他吃尽了苦头。其实道理很简单，每个被采访的对象都需要有一个值得信任的记者，需要自己的话按照自己本来的逻辑印在报纸上。幸运的是，经过断断续续两年多的接触之后，这种信任感终于建立起来了。霍利尔甚至专门邀请笔者到他位于罗兰加洛斯球场边上的家中拍照片，为此不惜花上半个小时修整——他喜欢自己光鲜的样子出现在镜头前。

霍利尔不喜欢谈法国足球，不愿意回忆自己担任主教练的那个年代，对那个年代他显然太失望了。他也不愿意谈法国队后来的表现，理由是自己做过法国队主教练，做过法国足协技术委员会主席，这样的角色使得他担心自己的任何看法都会引起过分的敏感。毕竟，对于同样的问题，每个人都有不同的解决方式。

不过，除了法国队之外，霍利尔的话匣子简直可以称得上一发而不可收。他最喜欢的话题有两个，一个是青训，一个是执教俱乐部的经历。霍利尔一再感慨，法国队在国际足联排行榜上已经跌落到了一个和自己的实力非常不相称的名次了，因为至少，法国的球员培养仍然是一流的，而这个体系恰好是他本人一手建立的。

"我担任过法国青年队的主教练和法国足球技术委员会的主任，对于青年球员的培养还是有发言权的。就我当年的做法来说，按地区选拔足球的苗子，把上课和踢球协调起来，白天正常上课，晚上来到俱乐部进行训练，就算法定的休息日星期三也不例外。周末，我们组织定期的比赛。这样，我们安排最好的教练，选拔最好的苗子，使孩子们得到培养，也使俱乐部得到了最好的球员。"霍利尔对此津津乐道，"你今天在花园里种下一棵树，不能指望明天它就长大啊！我们要有远见，要为明天做准备。在球员培养这个行当里，没有立竿见影的做法。"

对于中国足协把孩子们放到海外来培训的办法，霍利尔并不赞成。他认为："从现实意义上来说，这也许会取得效果。但是，这绝对不是解决问题的根本办法。如果要想真正改变一个国家的足球状况的话，必须从十二三岁的孩子抓起，必须立即动手。这样，在10年甚至更长的时间里就会看到成效。"

中国足协曾经通过多方关系和他取得联系，他甚至明确地表达了自己想在那个遥远的国家重建一个像法国一样的青训体系的愿望。他一直相信，中国没有理由不成为一个足球的强国，为此，中国没有理由不从现在开始建立自己的青少年培养和挖掘体制，在15年左右的时间中从根本上改变中国足球的内涵。

毫无疑问，这样的想法和中国足球饮鸩止渴的做法南辕北辙，自然而然会石沉大海。于是，霍利尔从利物浦回来养好了自己的心脏病之后重新出山，担任了法国联赛继马赛之后的霸主里昂俱乐部的主教练。对于在国家队和俱乐部都荣辱一身的霍利尔来说，里昂是一个新的挑战。接过风云人物勒冈的教鞭，这本身就需要勇气。要知道，不光勒冈的常胜成绩是个压力，当时维尔托德等里昂的领袖级球星公开对于霍利尔提出质疑，而俱乐部决策层中，富有影响力的主席顾问拉孔布同样坚决反对霍利尔的加盟。但是在奥拉斯的力挺下，霍利尔来了，而且，拥有了比勒冈当年还多的权限，而且，也取得了比勒冈当年还多的成绩。

仅仅一个赛季，里昂所表现出来的惊人成熟就已经打上了鲜明的霍利尔印记。而这一点，正是里昂跻身欧洲顶级豪门最缺乏的。在冠军杯上，里昂两次主场大胜皇马，迅速拉近了和一流俱乐部的距离。奥拉斯虽然没有重提冠军杯争霸的野心，但是他清楚自己已经走在争霸的路上，所以，每谈及此，他的语气中都充满了得意。他不光是为里昂的霸气得意，也为自己一年多前力排众议签下了这位法国足球元老而得意。

霍利尔说，执教里昂让他重新体会到了足球的快乐，而快乐是他在自己剩下的教练生涯中最重要的动力。为了这个动力，霍利尔随后又到英伦执教，并且还在法国足协担任要职。他感兴趣的，已经不再是一场球的胜败，而是足球背后的哲学和文化。这个英语教师出身的名帅，最终又回到了老学究的轨道之中。

JPP编年史

JPP，是帕潘的法国名字JEAN PIERRE PAPIN的简写。这个简写，就像交通标志一样成为通行法国的一个符号。仅仅通过这个符号，帕潘在法国的名气可见一斑。虽然他的门前倒钩早已成为回忆，但是每年的11月5日，JPP这个名字都会重新出现在法国很多媒体上，这一天，是他的生日。

在退役近20年之后，这位法兰西历史上最光辉的前锋似乎仍然保持着自己的热度，尽管，每一天的生活中他都显得如此平淡和从容。一个老婆，5个孩子和两只狗是这个家庭的所有成员。说起这个大家庭的时候，帕潘满脸幸福和得意，那两只狗在他看来也如同孩子一样。2003年，《法国足球》同期推出了他的40岁生日专稿，之后整整一年，帕潘向我们提供了这个不惑之年的帕潘现状。

在球场上，帕潘是无法捕捉的，在场外，他同样如此。不过，当《法国足球》杂志邀请他来编辑部度过40岁的生日的时候，帕潘不但没有拒绝，而且表现得很兴奋。他甚至提前半个小时就从奥利机场赶来了！这让《法国足球》的同行们吃惊不小。

请帕潘来杂志社过生日是几个月前就确定好了的一个选题，最初策划的题目就叫作"帕潘和他的40张照片"。品着1996年的波尔多梅多克庄园的红葡萄酒，帕潘首先选择了自己40张最具代表性的照片，这40张照片分别记录了帕潘职业生涯中最光辉的瞬间。这位前法国一代球星显然有点微醺的感觉，或许是那瓶波尔多一级红酒的醇厚，或许是那些记忆的片断再次激发了这位法国队老队长的豪情。

40张照片，40岁的生日，这位金球先生得主在因为人满为患而显得格外拥挤的《法国足球》编辑部甚至找到了家的感觉。丰盛的午宴之后，《法国足球》杂志主编肖米埃（DENIS CHAUMIER）等一直关注帕潘的4位资深记者对帕潘进行了一次特别的访谈，这个访谈其实很随意，就像是聊天。帕潘的兴致很高，在回顾和展望之间，他毫不掩饰自己的陶醉之情。

帕潘兴致勃勃地告诉大家，自己最大的心愿就是和自己的业余水平的球队在法国杯的比赛中进军32强，这样就可以和马赛相碰了。早在赛季初，帕潘就这么梦想着，可惜的是他所在的菲勒特角（CAP-FERET）被点球淘汰了。现在，帕潘的愿望降低到在阿基坦地区的联赛中打进决赛，在这个法国南部球星的摇篮中，这也不是一个轻松的任务。对于过去，帕潘并不想多说，其实，也不必多说。因为甚至连很多热衷的球迷对于他职业生涯的故事都耳熟能详，就更不要说《法国足球》的那些老编了。这次见面之后，为了《足球周刊》杂志"一对一"的对话栏目，笔者和他又约好了做一次职业生涯的全面回顾。约会的地点是帕潘位于大西洋岸边的家的附近的一个咖啡馆，那里，每扇窗户都是一幅海滩风景。洋溢在歌声和啤酒中的是一种悠闲情调，在这样的情调中，帕潘自然打不住自己的话题，过电影一样回顾了自己职业生涯的酸甜苦辣。

比利时布鲁日：

最恰当的时机的最恰当表演

帕潘出生在法国北部海边的布洛涅（BOULOGNE-SUR-MER）。小时候的帕潘就把足球当成了唯一的乐趣，甚至只有在足球场上才可以随心所欲地尽情宣泄自我。用他自己的话说："什么都不想，只有进球的快乐才是无上的享受。"这一点，他和科帕很相似，不过，和波兰后裔的科帕相比，帕潘作为一个地道的法国人，显然幸运多了。

虽然如此，在足球之外，小帕潘的日子却似乎并不怎么阳光灿烂。在一个讲究门第的贵族小学里，鱼贩子出身的帕潘显然不是大家的宠儿。甚至在同伴当中，赢得起码的尊重都不是一件轻松的事情。不过，只要球在脚下，帕潘就显示了自己的不同凡响之处，就会赢得喝彩声一片。对，他是一个足球的天才，他的足球天赋从小就已经显山露水了。

学校的老师问大家："将来你们要从事什么职业？"帕潘的回答让大家感到很吃惊："做一个职业足球运动员！"在当时，尽管没有人怀疑帕潘踢球的天赋，但是却同样没有人相信这个孩子的话在多少年后竟会变成现实，这个孩子竟会成为法国足球史上独一无二的9号中锋。而其实，对于小帕潘而言，这也是一个没有选择的选择。学业并不出色的他，成为医生或者律师这样的机会在他自己看来都是那么可望而不可及。

当时，帕潘的速度和进球效率已然令人瞩目。他先后进了瓦朗谢柄（VALENCIENNES）和维希（INF VICHY）两个训练营。1984年，帕潘重新回到了当时乙级的瓦朗谢柄，一个赛季就打进了15个球。那时，帕潘的生活过得很拮据。虽然只有20岁，对于同龄人来说，4500法郎的收入并不算少，问题在于那时帕潘已经是一个丈夫和爸爸了，在那一年，他有了第一个孩子亚历山大（ALEXANDER），真的就是"压力山大"了。好在俱乐部对于帕潘十分体谅，俱乐部副主席卡庞蒂埃甚至专门为帕潘的小家庭联系了政府补助的廉价住房。尽管如此，帕潘还是开始为自己寻找新出路了。

第二年，比利时的布鲁日（FC BRUGGE）俱乐部用150万法郎的价格引进了这个崭露头角的法国人。邻国的联赛成了帕潘的新舞台，在这里，帕潘吸引了法国队的注意。这段时间的帕潘可以说是春风得意。从一个在法国乙级联赛名不见经传的无名小辈变成国家队的新秀，连帕潘自己都不相信自己的眼睛。帕潘回忆说："我的职业转机是在布鲁日开始的，我还记得那时在法国国内很少有人理解为什么我要到比利时参加联赛，他们认为在法国联赛如果不能成功的话，在其他联赛也不会。不过，在比利时，我开始进球了，并且进入了国家队。"

一个天才，遇到了最好的闪光的时刻。帕潘的成功首先得益于联盟杯的两场比赛，在和波尔图以及莫斯科斯巴达克的两场比赛中，他打进了4个球。他的表现令当时法国队的主帅亨利·米歇尔为之眼亮。那是1986年2月，墨西哥世界杯还有4个月的时候，帕潘第一次穿上了法国队的战袍。他的第一场比赛是在巴黎王子公园球场和北爱尔兰队的一场热身赛，亨利·米歇尔对于这场比赛并不满意，不过，他表示自己唯一满意的地方就是发现了一个新星，这个新星就是帕潘。

尽管，他在那场比赛中并没有进球。时隔多年之后，帕潘对于自己未能进球都感到很遗憾，但是，他又自己宽慰自己说："我也不能每一场都进球啊！"不过，很快，帕潘就开始进球了，不光是进球，而是高难度的进球，帕潘式的倒钩。为什么这样做呢？帕潘告诉我："因为这样的球是很难实现的，所以，也很难忘。"

在马赛：

塔皮把他塑成金身

就这样，帕潘开始了自己的第一次世界杯之旅。在和加拿大队一战中，帕潘打进了制胜一球。种种征兆显示，法国足球的一个巨星冉冉升起了。对于帕潘来说更值得庆幸的是，在去墨西哥之前，他被当时正处于鼎盛时期的法甲霸主之一的马赛签下了，工资一下子涨了10倍。

有了钱以后的帕潘大过其瘾，当年羡慕的宝马现在可以一辆接一辆地买了。钱像流水一样地花掉了，但是在场上的球却再也打不进了。无数进球机会就像钱一样被他奢侈地浪费掉了。JPP被球迷解释成"J'EN PEUX PLUS"（我不行了）……

改变这个局面的是当时马赛的强人塔皮。这个野心勃勃的政治家兼商人不惜花血本改善帕潘的收入状况，更重要的是，他用信任激发了帕潘的自豪感。几年之后，一个传奇的球星在塔皮的手下诞生了。可以说，塔皮在马赛的奇迹是和帕潘连在一起的。尽管，马赛夺得冠军杯那一年，帕潘已经转会到AC米兰了。从1986年到1992年，帕潘连续5次加冕法甲首席射手（1988—1992年），马赛连续4个赛季独占法甲霸主地位（1989—1992年），还有一次法国杯（1992年）。

在和摩纳哥队的法国杯决赛中，帕潘连进3球，连当时的法国总统密特朗都忍不住亲自为之祝贺。在普拉蒂尼版的法国队中，帕潘更是如日中天。这是一个流金的时代，锦上添花的是，1991年，这位风云一时的球星毫无争议地夺得了金球奖。

至今，这个金球仍然被帕潘专门用一个书柜精心保存着。尽管，在同一年，马赛在冠军杯的决赛中点球大战惜败给贝尔格莱德红星队。

1992年，帕潘离开了马赛，转会到了意甲豪门AC米兰。而在帕潘离开之后，马赛夺得了历史上首次冠军杯。这是帕潘心中最大的遗憾，尽管他一再这样否定："我不遗憾，因为就算是遗憾的话，你说又会有什么改变呢？那么，遗憾有什么用呢？我什么都无法改变，这就是命运。"

帕潘常常因为自己是马赛历史上最好的射手而感到自豪，并且一再表示自己职业生涯的最高峰就在马赛："我在那里留下了自己最好的回忆。我想我从来都没有达到过在马赛那样的进球效率和进球感觉。尽管在此后相当一段时间内，我仍然保持了自己的稳定状态，但是，马赛在我心中始终都占据特殊的地位。"

米兰和慕尼黑：

从天堂到地狱的经历

在马赛，帕潘成为当时欧洲炙手可热的巨星。当时的顶级豪门纷纷向他抛出了橄榄枝。1992年6月，帕潘决定加盟他心目中"世界上最强大的俱乐部"——AC米兰。米兰的日子对于心骄气傲的帕潘而言，却远远谈不上称心如意。最大的问题来自竞争，残酷的竞争！看一看这些名字吧：巴斯滕、古力特和博班。帕潘回忆说："那时，我们的规定是每个俱乐部只允许有三名外籍球员，换言之，我们6个人要争取这3个位置。不过，当时在米兰俱乐部就是这样的，米兰是TOP（第一）！"

帕潘没办法每场都得到首发的机会，这让他感到扫兴。这样的情绪，场上的表现多多少少可以看得出来。当时，让帕潘最终成名的塔皮很精辟地指出："帕潘在米兰没有获得相应的成功是因为把他当作竞争的一员，这是对于一个天才球星的毁灭。要给他信心，要告诉他你是世界上最优秀的一个，否则，他肯定没法达到自己的最好状态。"

塔皮无疑是了解帕潘的，可惜由于随后著名的假球事件，塔皮不得不告别足球，也告别了法国俱乐部在欧洲足坛的一个镀金时代。有趣的是，尽管此后两人先后都做过法国电视一台的特邀嘉宾，但是时过境迁之后，马赛的经历几乎成了塔皮的伤疤，帕潘也就并没有特别的提及。

在米兰的两个赛季，帕潘总共出场63次，打进了32个球，获得了两次意甲冠军，打进了两次冠军杯决赛，一次是输给了老东家马赛，一次是干脆地消灭了巴塞罗那。这并不是很差劲的成绩单，然而，帕潘还是对于意甲感到厌倦了，他不喜欢这个盛行防守的联赛。他想打进更多的球，而且用更快意的方式。于是，他来到了另外一家顶级俱乐部：拜仁慕尼黑。

如果说去米兰是一个失误的话，去拜仁慕尼黑给帕潘带来的则是更多的遗憾。直到现在，帕潘还总是把自己在拜仁慕尼黑的经历作为告诫法甲年轻球员的一个教训。他并不赞赏法国球员的出国潮，尤其是连16岁的孩子都要去国外淘金。在帕潘看来，法国是世界上最好的培养球星的国家，如果想打好基础的话，没有18岁就出国是件不可思议的事情。当然了，当年挥金如土的这位球星同样反感年轻一代人急功近利的拜金主义倾向。对于这一点，帕潘同样不乏发言权。

在拜仁慕尼黑，帕潘遇到的不再是竞争，而是伤病连连，先后做了5次手术。自然而然，这位高价球星上场的次数屈指可数，每次出场都会引起球迷的嘘声。没有人会理解，帕潘怎么会有这么多的伤。没有人会理解，其实帕潘心里的伤更深："是的，那是我职业生涯中最艰难的一段时期。其他时候，有赢球也有输球，有高兴也有失望，都是一个足球运动员所要经受的生涯，你没法总是不败，你也不可能总是失败，就像人生有高峰和谷底一样，而最重要的就是始终都要抬起头，保持自己的信心。但在慕尼黑，因为受伤的影响，我几乎没法保持自己的信心。在22个比赛月份当中，我受伤的时间居然有14个月之久。想也想得出来，剩下几个月肯定是做不成什么了。我的大部分时间是恢复，这两年时间过得非常艰难。我想，这是一个适合我的俱乐部，遗憾的是我受伤了。"

　　由于在拜仁的糟糕表现，帕潘在雅凯时代的国家队中的地位也风光不再。1994年和荷兰队一战成了他在法国队最后的晚宴，这是他在国家队的第54次效力，总计进球数是30个。虽然总是说在自己的整个生涯所有的瞬间都一样美好，帕潘回忆说："我在国家队的遗憾在于没有赢得世界杯，尤其是瑞典的欧洲杯，还有，就是差几场比赛就可以赶上1998年世界杯了。雅凯缺少的正好是一个前锋，但是他做出了另外的选择，而且是一个后来证明成功的选择，这也成就了一支，也是唯一一支赢得世界杯的没有真正的前锋的国家队。"

大西洋岸边的菲勒特角：

业余水平的比赛踢得兴致盎然

　　1996年，帕潘决定回到法国去。他选择了波尔多，并在那里打了两个赛季。在这两个赛季当中，球队进入了两次联赛杯决赛，帕潘自己则打进了22个球。那时笔者刚刚到法国留学，对于当时的情形记忆犹新：宝刀渐老的帕潘仍然是波尔多球迷心目中最有号召力的偶像。随后，年龄越来越大的帕潘不得不接受级别越来越低的联赛，来到了乙级队甘冈。如果不是因为女儿埃米利（EMILE）治病要多次往返美国的话，帕潘怎么也舍不得离开职业联赛。

这是一段快乐的生活，帕潘回忆说："对，回到法甲以后，我仍然保持了两场一球的效率，我觉得很开心。在波尔多我们两次在联赛杯决赛中错失冠军，一次是和斯特拉斯堡，一次是和巴黎圣日耳曼，两次都是输在点球大战上。随后，我的年龄已经使我无法适应联赛的高强度了，所以，我又去了甘冈，主要的目的是为了放松和开心，再后来，我就来到了菲勒特角。"

从业余联赛开始，到最一流的职业俱乐部，最后还是从业余联赛挂靴。像帕潘这样的球星并不多见，40岁了还奔跑在球场上，完成一次完整的回归。尤其是从米兰和拜仁慕尼黑这样欧洲顶级俱乐部一直到甘冈这样的乙级甚至是阿基坦地区的菲勒特角这样业余水平的球队都来者不拒的球星就更是绝无仅有了。理由很简单，帕潘离不开足球。他自己这么解释道："我的生命是和足球连在一起的，你可以衰老，每个人都无法抗拒，但是，足球，它永远都不会衰老。我是如此喜欢足球，甚至依赖足球。无论是什么等级的比赛，在场上都是一样的投入和感觉。没有任何一场在电视中的比赛有和自己在场上同样的感受！我选择了足球，是因为喜欢这样的运动。不是为了钱，不是为了出名，所以，只要我还有踢球的愿望，我就留在场上，不管是什么样水平的比赛。"那么，足球也是帕潘保持年轻的一个手段了。

　　和青年帕潘清楚地记得自己在职业生涯中的346个进球不一样，已届不惑之年的帕潘不再数自己的进球有多少了。这里有两个原因：一是帕潘已经40岁了，对于进多少球的热情终究不比当年了；二是他的进球太多了，仅仅一个赛季就踢进了54个球。当然了，还有一个原因，帕潘深知却不愿意说出来，那就是在这样业余水平的比赛中进球和在职业联赛中的进球意义是不能同日而语的。还需要注意的是，在这么多进球当中，定位球占据了三分之一左右，这可不是帕潘的风格。连帕潘自己也承认，这样的效果还是第一次，不过，他很快就解嘲说："不过，这也不是件简单的事，毕竟要把球打进网中啊！"

克莱枫丹：

准备教练文凭为未来热身

帕潘其实并不缺工作。曼联几次邀请他做助理教练，帕潘本人也动心了，但是到了签字的关头他却犹豫了。在妻儿和事业的诱惑之间，帕潘最终选择了前者。他很歉意地表示自己已经奔波了很多年，现在最重要的事情就是家庭了，是妻子和孩子。

马赛也多次和他谈了同样的工作，不过最后同样没有成行。帕潘说："在14年的职业生涯中，不，实际上是20年，因为我在此前和此后都用了更多的时间，我的家庭都对于我做出了牺牲，现在，轮到我做出补偿了。"

帕潘并不着急，此前，是因为对于教练没有热情，现在，是因为他正在克莱枫丹准备教练员文凭，他要精心地为自己的教练生涯开始热身了。在克莱枫丹的教练员考试并不轻松。通常，上午的课程安排的是经营管理、公共关系、财务等内容，还有《法国职业足球俱乐部的经济状况》这样的报告，这些，帕潘学起来都很吃力。不过，这样的课程可能是这些职业球员出身的未来教练最为受益的，比如职业足球从高峰到低谷这样的弧线，所谓"从鱼子酱到黑面包"的演变他们的感性体验可能最多，不过上升到理性的高度却还从来都没有过。而教练和球员的区别，从深些的角度来讲，正是如此。

下午的课则要轻松得多，是战术安排和演练。不过，后来成为法国队主教练的教官多梅内克却经常不择手段地刁难所有学员。明明是一个完美的方案，也会被他挑出众多的漏洞或者是变数。

和帕潘一起在克莱枫丹受训的还有另外一个法国队队长，那就是德尚，不同的是，德尚已经做了两年摩纳哥队主帅，在8：3狂胜拉克鲁尼亚队之后更是备受瞩目。称得上帕潘同代人的球星只有两个人在法国执教，而且执教的是法甲积分榜前两名的球队，那就是勒冈和德尚。对此，帕潘表现得倒是很坦然，在他看来，做教练是一个水到渠成的事情，强求不得。

不过，有一点却很清楚，如果要执教的话，帕潘是要从最好的球队开始，乙级球队是绝对不在考虑之列的。这也很正常，按照帕潘本人的逻辑，如果在最好的球队不能成功，还可以做差的，但是如果连差的都没有做好，就是死路一条了。所以，帕潘一直认为教练的风险很大，在足球这个行当，最没有风险的就是体育主管，因为输球的时候，总可以解释成教练的原因，引援得失归根到底还是要算在教练的头上。这个时候的帕潘有点英雄迟暮的感觉。踢了快40年球的前锋，那个无往不胜的前锋，在未来的生命中已经可以改行做后卫了，一个忧心忡忡的后卫。

皮拉（PYLA）家中：
乐得浮生终日悠闲

　　帕潘变得这样谨慎有他自己的道理。在球星当中，像他这么一心想着妻儿的并不多。所以，齐达内从这一点上来说多少年前就被当成一个异类。另外，在大西洋边上那个叫作皮拉的岛上乐得其所，帕潘过着神仙一样的生活。皮拉号称是欧洲最大的沙丘，这里是法国大西洋沿岸的度假胜地，周围的小城都是法国西南地区最有名的生蚝产地。"我生在北部，但是最终选择了这个西南小城，因为我和家里人一来到这里就被打动了。这里的气候和环境都非常好，找不到其他地方更适合居住的了。这里简直就是天堂！"

　　在这个人间天堂，帕潘每天的生活极为规律。5个孩子，加上两只狗，就是这个家长的全部世界。早上送孩子们上学，然后是给脑损伤的女儿埃米利安排疗程。让帕潘欣慰的是，女儿原来沉浸在自己一个人的世界中，现在，大家的世界都变成了她的世界。帕潘不仅把给自己女儿治病当成至关重要的大事，还专门成立了一个叫做"心中的9号"的协会（NEUF DE COEUR），希望借此帮助所有遭受相同痛苦的孩子。这个协会占用了帕潘的很多时间，帕潘很得意地说："我用了很多时间和精力，帮助其他孩子摆脱疾病的折磨。我在球场上就是和自己斗争，在生活中同样如此。我不得不和很多人打交道，好在，我在足球上所获得的知名度使得协会的工作变得容易得多了。"

接着就是自己锻炼身体，一般是一个小时的跑步，连着溜两只爱犬，距离大约5～10千米。帕潘在菲勒特角这支业余球队中的训练和比赛几乎场场不落下，另外，他还参加了当地的网球联赛，态度和踢球一样认真，而且还是这个联赛的高手呢。踢球出身的帕潘玩船同样是一把好手，看着他赤着半身站在甲板上的样子，你还会以为他是一个专业的"海碰子"①呢。至于足球比赛，帕潘说自己偶尔去看一下波尔多的比赛，重要的场次绝对不会错过的。但是法国队的比赛，帕潘却很少去看。

①海碰子，是对专门在海里从事捕捞海鲜工作的人的称谓。

第六章 1993—1998年：
雅凯和他的巨人时代

从浪漫主义到现实主义

在刚刚担任主教练的时候，雅凯虽然作为霍利尔的助手，螺丝钉的工作做得无可挑剔，但是在法国足坛却远远没有后来有如火山爆发般突如其来的声望。如果不是霍利尔的鼎力推荐，他可能永远做一个兢兢业业的螺丝钉。但是，当阳光照到这颗螺丝钉的时候，这颗螺丝钉最终变成了金箍棒，成了法国足球史上的一座里程碑。

没错，就算在当时，雅凯也并不是无名之辈，但是有名却绝对是后来的事。作为球员，他入选过两次国家队，那是1968年的时候，一场比赛是在马赛平了德国队，另一场比赛则是在里昂输给了西班牙队。随后，作为主教练，他曾经在波尔多声名鹊起，但是，随后就因为和俱乐部高层的冲突而被迫离开了。最后，他投奔到霍利尔的麾下，那时他可能没有想到，这是通往法国足球最高权力的捷径。

雅凯并不在乎权力，这一点通过他夺冠后的急流勇退就可以看到。但是，当主教练的教鞭掌握在自己手里的时候，雅凯相信自己能够改变法国的历史，最起码，那是历史赋予他的一个机会，他决心紧紧抓住。雅凯知道自己可以成为一个好的球员，他更知道自己可以成为一个好的教练。

多少年之后，在接受记者采访的时候，他自己也承认，当法国队主教练的任命颁布之后，他强烈地感受到了一种天降大任的使命感和一种从未有过的自信，他要带领这支球队获得世界冠军！那是一个怎样的梦想啊，在当时，几乎没有人相信，等到坎通纳和帕潘这样的大牌球星被坚决摒除之后，就更没有人相信了。

也是在那个时候，他宣布一旦法国队在世界杯中夺冠，他将像自己的老师伊达尔戈一样立即引退。这在当时同样没有异议，大家想的是，那不是功成身退，而是引咎辞职。1998年世界杯捧杯之后，他果然辞职了。在法国足球界，他算得上少有的一诺千金、言出必行的名宿了。如果从人格的力量而言，和他比肩的恐怕只有另外一位功勋教练伊达尔戈了。

　　而和自己曾经共事过的前辈相比，雅凯更直截了当，更加充满个性。凡是他坚持的，无论怎样艰难，都从不动摇，这一点，我们从他后来斩钉截铁地舍弃了坎通纳和帕潘这样仍在一流状态的球星就可以窥见一斑，这样的勇气和决心，在法国队的历史上都堪称空前绝后。事实上，在后雅凯时代，几乎所有教练都在秉承着雅凯的衣钵，有种种重建的尝试，却最终屈服于短期目标的压力。

　　每一次法国队的辉煌，都是从这样的外部怀疑和内部决断开始的。而每一次法国队的辉煌，都伴随着新任主教练带来的新改变。雅凯带来的改变，就是从浪漫主义打法到现实主义打法的转换，更准确地说，是从科帕和普拉蒂尼时代的个人主义和攻势足球到集体主义和防守反击足球的转换。从观赏性的角度而言，这是一个退步，但是，如果想到1993年11月惨败于保加利亚队的窘况，这却是一个最简洁的办法。

　　现实主义的足球，具体说也就是防守反击的足球，在雅凯时代并不是那么难看，起码不像他的继任者们那样难看。因为这样的足球不再是某个人的足球，而是11个人的足球。也就是说，雅凯挖掘了一批属于自己的球员，并且把他们打造成了一块凝聚的钢铁，这就是代表着法国足球精神的雅凯带领的一代球员。谁都不会想到，这个现实主义的雅凯，创造了法国足球历史上最惊心动魄和荡气回肠的年代，也是最有浪漫主义情怀的年代。

"齐祖"最初的光辉和暗淡

雅凯无疑是幸运的，不光在于他强大的内心和坚决的身体力行，更在于，当他推行自己前无古人的改革的时候，几乎可以和普拉蒂尼媲美的又一代天才球员应运而生了。在他们当中，绝大多数人都随着1998年世界杯和2000年欧洲杯的夺冠成了世界性的球星，而他们自己，也是当时的顶级豪门的主力队员，像齐达内、利扎拉祖和巴特斯这样的名字后来都家喻户晓，至于布兰克和德尚，他们先后担任了法国国家队的主教练。

雅凯接任后的第一个对手是意大利队。在过去的80年中，法国队都没有战胜过他们，事实上，迄今为止，除了雅凯以及雅凯的助手勒梅尔，意大利队始终都是法国队的克星。但雅凯和他的子弟兵是个例外，这个例外是从他们的第一场比赛开始的。那是1984年2月16日，在那不勒斯，德约卡夫打进了全场唯一的进球。于是，这个技术型的前锋随后就成了雅凯时代的核心元素。

德约卡夫这样评价雅凯："直到夺得世界冠军之后，成千上万的球迷才知道这是雅凯获得的，但是对于我们球员来说，是他教会了我们理解、倾听，尤其是热爱足球。他对我们的教导，并不是短短的准备参加世界杯的两个月时间，而是从1994年第一场比赛开始连续四年都没有间断过。雅凯带给我们一套他自己的打法，同时，还有一套哲学，以至于我们这些人凝聚成了这样一个团队，一个充满信心，一个互相尊重和信任的团队。我自己格外感谢他，在那个信心缺失的年代，他始终充满信心，最后，他的信心成了我们的信心，最终成了我们不败的灵魂。"

如果说在雅凯执教的第一场比赛中涌现了德约卡夫，那么接下来的比赛中就轮到了另外一个雅凯甚至他随后的若干主教练都可以仰仗的球星出场了——齐达内。那是1994年的9月，法国队在欧洲杯预选赛之前的最后一场热身，对手是当时的欧洲劲旅捷克队。在上半场的比赛完全被对方控制的情况下，中场休息之后，雅凯换上了当时只有22岁的齐达内，凭借一记远射和一个头槌，齐达内扳平了比分（2：2）。第一次效力国家队，齐达内就扮演了"佐罗"的角色，从此之后，这个角色，他一直要扮演12年。

谁指责雅凯的足球过于倾向防守？如果从战术的制定来说，这是一个事实，虽然这个事实也根据对手的不同而不断转换，毕竟，法无定法。而如果从比分来说，雅凯时代的法国队在进球方面几乎不比自己的任何一个继任者逊色。尤其是1995年欧洲杯预选赛上和阿塞拜疆队的比赛，他们全场打进了10个球。这是法国有史以来净胜球最多的一次，就算对手是个鱼腩之旅，这样的表演也充满狂欢的味道了。而接下来在布加勒斯特3：1打败罗马尼亚队，法国队晋级欧洲杯的过程堪称完美。

在当年的欧洲杯热身赛上，法国队2：0战胜亚美尼亚队，2：0战胜芬兰队，最后竟然1：0在斯图加特战胜了德国队！这几乎使法国队有在云上的感觉，1996年的欧洲杯，才是真刀真枪的较量。从小组赛开始，雅凯就把后防线当作重中之重，除了布兰克和德塞利担纲的防线之外，他甚至要求前场队员全面回防。结果可以说立竿见影，齐达内还没有进入状态，但是法国队却1：0再胜罗马尼亚队，1：1战平西班牙队，接着3：1力挫保加利亚队进入了第二轮。

小组赛中遇到的三支球队都不是弱旅，而在八强中遇到的，则是赫赫有名的荷兰队。那是1996年的6月22日，法国队在英格兰欧洲杯中最精彩的一次胜利，也是一次典型的雅凯式胜利，也就是在加时赛结束之后通过点球大战获得的胜利。在利物浦安菲尔德球场，布兰克打进了最后一个点球，法国队进入了半决赛。这场比赛之后，雅凯统帅的法国队已经保持了27场比赛不败，队长德尚一再感叹球队上下从此信心爆棚了。

然而，法国队显然高兴得太早了。而且，雅凯式的点球大战晋级也不是每次都奏效，在半决赛中和捷克队再次战成0：0之后，法国队未能再次在点球大战中以5：4的比分战胜对手，反而以5：6的比分遗憾出局。这本来是一个正常的结果，但是由于期望太高，失望也就太多。当时，媒体甚至把法国队的失利归咎于整个欧洲杯期间表现都不如人意的齐达内，指责雅凯用人不当。

雅凯却毫不犹豫地捍卫了自己的球员，他这样说："齐达内肯定知道他需要为法国队做些什么，这就像其他的球员一样，我相信他们肯定会兑现我的期待。"事实上，齐达内的状态的确不好，由于在克莱枫丹出了车祸，齐达内始终都没法集中精力投入比赛。他自己也承认了这一点，并且一再说："我对于自己的表现不满意，我对这次欧洲杯没有好的回忆，我相信下次一定会不一样！"

齐达内后来果然兑现了，那是在两年之后的世界杯上，他成了法国足球的救世主。作为东道主，这一次法国队不再需要通过预选赛来获得参赛资格，于是，就是一整年的热身赛了。对于热身，法国队并没有选择弱旅，也没有屠弱的表现，1∶1战平巴西队和1∶0战胜西班牙队就是两个例子。1998年很快就到了，能容纳78 834名观众的法兰西大球场也完工了，这里很快就要见证法国足球历史上的巅峰时刻了。

场场如有神助

在1998年法国世界杯小组赛中，法国队遭遇的第一个对手是南非队。在这场比赛两天之前，齐达内这样告诉自己在法国队最好的朋友杜加里："我希望你不是首发，一旦法国队久攻不下，换上你之后你就可以进球了。"

果然，在这场比赛的首发阵容中，吉瓦尔什代替了杜加里。这也难怪，在过去的两年中，虽然雅凯宠爱有加，但是杜加里却没有打进一个球！第27分钟，吉瓦尔什受伤之后，杜加里终于得到了上场的机会，并且立即抓住了这个机会。第35分钟，齐达内开出角球，杜加里头球破门，法国队1∶0暂时领先。他拼命跑向雅凯，想要拥抱这位对自己始终信任如一的主帅，但是却被亨利和利扎拉祖等队友紧紧地抱住了。僵局打破之后，法国队开始进入状态，杜加里助攻德约卡夫扩大了战果，而亨利在比赛的最后关头单刀再下一城，把比分锁定在3：0。

第二场比赛，沙特队显然和法国队不是一个重量级的对手，结果是法国队以4：0的比分获胜。两名当时仅仅20岁的锋将，亨利和特雷泽盖包揽了4个进球中的3个。遗憾的是，在这场比赛中因为被铲而冲动报复的齐达内被红牌罚下，在接下来的两场比赛中都无法上场。齐达内和红牌的故事，从这里就已经开始了。当他下场的时候，雅凯甚至没有正眼看他，更不要说握手了。而队长德尚则更加干脆："齐达内的做法是用自己的任性惩罚整个球队。"德尚说得没错，没有了齐达内，法国队会不会突破更强的对手的重围呢？

下一个对手丹麦队不再是鱼腩部队了。为了保证主力能够在八分之一决赛中有充沛的体力，在首发阵容中，雅凯仅仅派上了3名前两场的主力队员：巴特斯、德塞利和迪奥梅德。结果，替补阵容并不是二流的阵容，德约卡夫点球首开纪录，接着珀蒂头球打进了自己在法国队的第　个球。最终法国队以2：1的比分战胜了丹麦队，这也是世界杯历史上继乌拉圭队（1930年）和意大利队（1990年）之后第三个在小组赛中保持全胜的东道主球队。

6月28日的八分之一决赛，法国队遭遇了巴拉圭队。在朗斯，法国队前场的种种窘迫显示出了齐达内的重要性。幸好，由布兰克和德塞利担纲的后防线越来越成熟了，加上雅凯一再要求回防，法国队虽然没有创造机会，但是始终固若金汤。常规赛0：0战平之后进入加时赛，当雅凯已经开始准备点球大战的时候，第114分钟，布兰克打进了"金球"。那是一个名副其实的"金球"，让坐在替补席上内疚的齐达内和教练席上担心的雅凯以及所有球迷如释重负。法国队最终以1：0的比分如此艰难又如此幸运地进入了八强。

在这场比赛期间，由于红牌在身，在替补席上的齐达内几乎无法安定地坐在那里，他一会儿跑，一会儿跳，间或不断地用手拍球鞋，直到布兰克进球了，他发疯似的和所有人拥抱。雅凯注意到了这一点："在场上你防不住他，在场下都管不住他。我知道他有多么着急，有多么兴奋，现在，终于要轮到他了。"

7月3日，在法兰西大球场举行的四分之一决赛上，法国队对对手一点都不陌生——意大利队。结果也并不陌生，双方以0：0的比分握手言和。在点球大战中，第一轮的齐达内和巴乔分别打进了，接下来利扎拉祖的点球却被扑出，齐达内和德尚都紧紧抱住了这个失望的后卫，他们都相信，法国队要被淘汰了。但是奇迹发生了，巴特斯扑出了阿尔贝蒂尼的点球！亨利、特雷泽盖和布兰克分别打进了下三轮的点球，但是迪比亚吉奥却射失了意大利的希望。

　　从此之后，齐达内带领下的法国队已经赶上了科帕在1958年世界杯和普拉蒂尼在1982年、1986年的成就。但是，显然，因为红牌耽误了两场的齐达内还没有足够的表现，他还想走得更远。7月8日，仍然是在法兰西大球场，法国队半决赛的对手是克罗地亚队。回忆起这场比赛，迄今仍然无法理解的是，作为一个在法国队从来都没有进球的后卫，图拉姆怎么会突然打进两个球，帮助法国队反败为胜呢？在此之前，中场珀蒂打进了他的第一个球，但是，中场进球并不是什么意外，而就算后卫同样不是，但是连续打进两个，却始终都是一个谜。就连当事人图拉姆也这样感叹，尤其是第二个球："这真是中了邪了，明明是失去平衡，结果却打进了，而且还是左脚。"

　　结果，法国队鬼使神差地以2：1顺利晋级，唯一的代价是，因为比利奇的假摔，无辜的法国队后防核心布兰克被红牌罚下，并由此缺席和巴西队的决赛。不管怎样，法国队终于迎来了自己的第一次世界杯决赛，对手赫然是巴西队。

　　7月12日，这场本来势均力敌的比赛很快就变成了一边倒，而继上一场的图拉姆之后，轮到齐达内扮演神奇英雄的角色。更神奇的是，在这场比赛之前，曾经成功预言了杜加里进球的齐达内再次发出了这样的预言："我希望能够打进两个球，而且是两个头球，一个在左，一个在右。"他的预言在第27分钟和第45分钟兑现，珀蒂和德约卡夫一左一右的两次角球，齐达内两度头槌破门，于是，法国队以2：0的比分暂时领先。第90分钟，维埃拉左路突破下底传中，珀蒂晃过卡福，把比分定格在3：0。

比赛结束之后，齐达内哭了。他后来说，当他知道自己的妻子和儿子都在看台上看着自己的时候，他就充满了感动。而他的妻子无疑是幸运的。还有很多盼望着这场胜利的人，他们甚至没有办法赶到现场。我要说的，是和普拉蒂尼一道担任法国世界杯组委会主席的法国足协传奇主席萨斯特，专门留给他的主席台上的位置始终是空的，他最终在法国队夺冠的3天之后逝世，享年74岁。

疯狂的一天

那是笔者来到法国的第二年，也是笔者所经历过的最疯狂的一年，更准确地说，是最疯狂的一个夏天。那是1998年7月12日，距离法国国庆节还有两天，但是在香榭丽舍大街上已经围聚了100万多名兴奋的人。更准确的数字是150万人，而在外省，几乎所有人都跑到了街上，鸣着喇叭，唱着歌，就算是国庆节，就算是新年，就算是1944年第二次世界大战中解放巴黎时也从来没有过这么多人，人们也从来没有过这样的兴奋。

当终场哨声吹响的时候，是那一天晚上10点54分，德尚从希拉克手中接过了世界杯，这也是法国人第一次把自己发明的世界杯捧在了自己的手上。那一天晚上的三个进球，一直到多少年之后，仍然是法国队球迷，甚至众多的法国人记忆中最美好的部分。齐达内、布兰克、德尚、珀蒂、亨利、利扎拉祖、特雷泽盖等，这些名字都成了英雄的象征。是的，他们很快都成了英雄，法国总统希拉克甚至给所有队员、教练组成员乃至于足协主席都颁发了国家荣誉勋章。

然而，无论什么勋章的重量，都无法超过德尚手中的大力神杯。希拉克总统在当晚亲自捧起了这个奖杯，这是在他之前，另外一个球迷总统密特朗的梦想，现在，希拉克实现了。1998年7月14日，在法国国庆节的庆典之后，希拉克专门把所有法国队的功臣请到了位于爱丽舍宫的总统府，专门铺设了红地毯，为法国队庆功。希拉克在祝酒词中，把法国队当作了他在任期内能够给法国人民的最好的礼物。

这一点，希拉克并没有说错，这个奖杯并不仅仅属于法国足球，同样属于整个法国。雅凯在自己的讲话中动情地重申了这一点："法国队很骄傲获得了世界杯，现在，法国队很骄傲这项殊荣能够给法国人带来幸运，这项奖杯不是属于法国队，而是属于你们所有站在法国队身后的法国人！"

而实际上，这个骄傲是属于法国队的，是属于雅凯的。在这届世界杯中，号称防守反击的法国队最终总计打进了15球，这是本届世界杯的进球之最，防守也很给力，仅被对手打进2球，防守同样是本届世界杯之最。仅仅从这个意义上来说，这次世界杯就绝对不是一个偶然。更不能用偶然来解释的是，雅凯在1993年以来接任霍利尔的53场比赛中，仅仅有3次失利，这样的成绩单绝无仅有。这样的教练同样绝无仅有，而在获得这样法国足球历史上绝无仅有的荣誉之后，他毅然决然地离开了主教练的位置。

1998年7月14日晚上，那是雅凯作为法国队主教练参加庆功宴会的最后一个晚上。那是一个被香槟淹没的晚上，自从7月12日捧杯之后，不光是法国队，整个法国都弥漫在香槟之中。看完了整场比赛的前《队报》总编辑加德特说："这是法国足球等了一百年的一天，现在，法国队终于获得了冠军，这是对于几代足球人、球员、记者和足协领导人的努力的回报。"

这一天，加德特曾经领导的《队报》打出了这样的标题："为了永恒"（POUR L'ETERNITE）。这一天，也是《队报》发行量破天荒的一天，1 624 501份报纸，这也是法国报纸历史上的一项纪录。有趣的是，一直到世界杯之前，这张报纸都是令雅凯最愤怒的报纸，甚至被雅凯视为唯一的敌人。这个插曲的原委甚至成了雅凯带领球队夺冠的动力。

雅凯和《队报》的是是非非

法国世界杯夺冠10周年之后，当年曾经叱咤风云的1998年世界杯夺冠的法国球员已经纷纷退役，而当年的功勋主帅雅凯早在10年之前就选择了急流勇退，在担任了8年的法国足协技术委员会主席之后也彻底归隐到自己的世界。不过，这一段历史尘埃落定之后，一段悬案却始终都没有解决。这是法国足球界乃至于法国媒体界一个没有开锁的谜，一直到10年之后，这个谜底都没有揭开。

这个谜就是雅凯和法国《队报》的矛盾。由于当事双方讳莫如深，这段是是非非迄今为止也没有一个结论。在这10年当中，雅凯再也没有接受过任何《队报》记者的访问，也从来都没有对于这段特别的经历公开作出过任何的回忆和评价。至于《队报》，当年的总编辑和足球编辑部早已更换了几茬，同样没有人愿意再提起这段往事。而这段往事，《队报》显然不愿

174

意忘记，虽然没有明说，但是他们显然记住了这个教训，从此之后，在其他项目保持着自己的犀利的笔触的同时，对于法国队始终都是网开一面的。

当多梅内克率领的法国队在2008年欧洲杯小组赛被淘汰之后，全法国的球迷和媒体都在叫嚣让多梅内克下课，只有一个媒体例外，这个媒体就是《队报》。在很长一段时间中，很多圈内人士都认为《队报》提前选择了自己的定位，换言之，就是保多梅内克。为此，笔者曾经专门和《队报》足球编辑部的负责人吉尔探讨，他反问笔者："你忘了1998年的雅凯事件吗？"

笔者当然记得这个事件，这是一个《队报》其他编辑部喜闻乐道，但是足球编辑部却噤若寒蝉的话题。在笔者2002年年底来到《队报》实习的时候，雅凯事件的阴影早已被2000年勒梅尔捧得欧洲杯的兴奋所覆盖，随后又因为世界杯被淘汰而升温。而当时担任《队报》总编辑的仍然是1996年欧洲杯和1998年世界杯时候的热罗姆·布洛，他在1998年世界杯之后曾经面临过去留的危机，不过，法国队夺冠所带来的《队报》历史上最大销量的纪录最终挽救了他的位置。

热罗姆·布洛显然吸取了这个教训。2002年，当法国舆论一边倒地审判这个两年前的功臣的时候，《队报》的态度差不多是法国媒体中最折中的一个。2004年欧洲杯桑蒂尼去任的时候，《队报》的态度同样是包容的。这是违反《队报》一贯的"仗义执言"的风格的，而这也是不得已的。这也是为什么在2008年对于多梅内克一片声讨的时候，在法国媒体中，只有《队报》难能可贵地保持着理性的态度，对于多梅内克的得失进行了综合的考虑，并且结合法国权力机构的动态表达出了多梅内克留任的态度。与其说这是一种影响舆论的取向，不如说这是一种实事求是的分析。

这样的分析显然没法成为扩大销量的助力器。但是，虽然热罗姆·布洛已经让位于德鲁桑和米歇尔·德罗尼，但是《队报》在法国队报道上谨慎的态度始终都没有改变。《队报》的权威是在旗帜鲜明的报道的基础上赢得的，而在获得了这种权威之后，却给继续保持这种旗帜鲜明的态度提高了难度。这也是《队报》和雅凯之间矛盾的根源。这个根源，要从1996年说起。

在雅凯担任法国队主教练之后，几乎没有任何人看好这个特异独行的家伙，这种情形和2006年世界杯之前的多梅内克的境遇惊人的相似。自然而然，所有的媒体对于雅凯都是一片讨伐之声。《队报》也不例外。在这些讨伐的声音中，《队报》并不是最激烈的一个，但却是最刺疼雅凯神经的一个。

时过境迁，勒梅尔，也就是雅凯当时的助手回忆说：

"《队报》是我们唯一看的报纸，所以，其他媒体怎样说我们不管，但是如果《队报》这么报道了，就是一件天大的事！"是的，迄今为止，《队报》和《法国足球》仍然是法国队上下、法国足协以及体育圈内唯一必读的报纸和杂志，他们的观点甚至在某种意义上成了官方简报。

笔者曾经为此专门询问过当时的总编辑热罗姆·布洛，他的态度很茫然："我们的所有文章几乎是最谨慎的，在让雅凯辞职的一片声浪中，我们很少直白地提出这样的观点。"热罗姆·布洛的回忆应该没有什么偏差，虽然作为主要责任人，他承担了所有的后果，但是这件事的发起和他实在是没有什么关系的。这个责任人的名字就是樊尚·杜鲁克，《队报》足球编辑部专门跟法国队的首席记者。

有趣的是，杜鲁克来到《队报》的日子正好是雅凯担任法国队主教练的日子。雅凯在自己的第一次新闻发布会上就喜欢上了善于提出尖锐问题的樊尚·杜鲁克。如果某一次新闻发布会中，雅凯发现杜鲁克没有到场，甚至会专门等上10分钟或者20分钟。

那时候，他会很直接地说："我要等一下《队报》的记者。"那时候，杜鲁克的意义在于，他总是能够问到雅凯想要回答的问题。那时候，杜鲁克几乎成了其他跟踪法国队的记者嫉妒的对象。

1996年欧洲杯从公布大名单开始，雅凯在遭遇预选赛的阻击之前，首先遭遇到了媒体和球迷的阻击。这个阻击中，杜鲁克的文章显然充当了冲锋陷阵的角色。在欧洲杯揭幕之后，《队报》甚至在社论中提出了对于雅凯是否有资格担任法国队主教练的怀疑。

雅凯拿着这份报纸这样告诫自己的球员："你们知道么，现在没有人信任我们，我们必须依靠自己的力量，凝聚成一股绳，就算没法夺得欧洲杯的冠军，我们也要夺得世界杯的冠军！"事实上，这也是他的初衷，把1996年欧洲杯当作对于1998年世界杯的一次演兵。这种高瞻远瞩，显然是那时仍然年轻的杜鲁克所没法想到的。甚至迄今为止，包括法国足球总编辑埃尔诺在内的资深专家回忆起1998年世界杯的时候都感觉到幸运。

从那时起，雅凯开始正式拒绝接受《队报》的任何采访，并且由此开始了自己和媒体之间的冷战。作为法国最权威的体育媒体，《队报》一直拥有一个特权，就是在发布大名单或者制定出场名单的前夜，和主教练直接进行沟通，获得第一手的资料，虽然不能把这份名单全部发表，但是，会做出提纲挈领的介绍。

自从雅凯和《队报》单方面绝交之后，这个传统从此终止了。不仅仅是终止了，而是彻底地被雅凯边缘化了。尽管《队报》一再发出和解的信号，但是雅凯一直置之不理，从1996年到1998年的两年间不再回答任何来自《队报》的提问，不再和《队报》有任何的联系。一直到夺冠之后，雅凯还公开地表达了自己对于这家报纸的愤怒。

在雅凯卸去主教练的职务之后写的那本《一生只为那颗星》的自传中，雅凯多次对于《队报》表达了自己的仇恨。笔者曾经三次采访雅凯，每一次都不敢透露《体坛周报》和《队报》的合作伙伴关系。如果那样的话，他的秘书会干脆地拒绝掉。有趣的是，在和《队报》的冷战从未和解的同时，雅凯始终和《队报》系的主要媒体《法国足球》保持着良好的合作关系。

在1998年获得世界杯的第二天，雅凯甚至专门邀请《法国足球》总编辑埃尔诺和其他4名记者来到法兰西大球场参观法国队的更衣室，他用了大半天的时间对于那次世界杯的所有细节进行了回顾，还专门邀请他们共进了午餐。

雅凯的这个反常的举动，意味着对于《队报》的抗议还是和解呢？多少年过去之后，《队报》的很多当事人在回顾了这段历史之后都感到不解，而作为另一位当事人，雅凯始终三缄其口。一个是法国最有名的功勋教练，一个是法国最权威的体育媒体，具有共同利益的两者之间，却注定了成为一个交叉的轨迹。

雅凯眼中的自己

从法国队主教练的位置上坚决地退下来之后，雅凯接任了法国国家足球技术管理中心主任的位置。雅凯不谈政治，是个埋头于球员和教练员培训的实干家，和霍利尔一样，他关心的不光是各级法国国家队，更把力气用在了青训营的体系建设和完善上。从国家队主教练到足协技术中心，雅凯始终沿着霍利尔的足迹前行，但是，法国队的冠军头衔使他成了首屈一指的功勋教练，在法国国内影响独一无二，整个法国足球的梯队建设在他的任内近乎完美。

早在2007年中国女足欧洲拉练的时候，笔者曾经在克莱枫丹安排了当时的主教练马良行和雅凯的见面。当马良行很诚恳地向这位功勋教练探求世界杯的夺冠之道的时候，雅凯很爽朗地拍着马良行的肩膀说："1998年世界杯是在本土获得的，中国作为东道主也会夺冠的！而中国之后的下一届，就轮到了坐庄的法国女足！"遗憾的是，由于非典的影响，女足世界杯最终易地，接着是中国女足在美国败走麦城。

　　法国女足的命运也好不到哪里去，不过，和中国女足在中国足球的地位相比，法国女足始终都处于边缘化的地位上。这也是雅凯掌舵法国足协技术中心的时候大力推进的一个重点。不久之后，里昂和巴黎圣日耳曼等俱乐部的女足纷纷涌起，其中，里昂甚至连年夺得女足的欧洲冠军杯。

　　虽然法国队一直由法国足协技术中心具体管辖，但是，对于法国队的一线队，雅凯几乎从不介入，无论是勒梅尔还是多梅内克这些继任者，他都希望他们拥有充分的自主权。事实上，这两任主教练都是雅凯钦点的人选。不过，就算勒梅尔韩日世界杯的惨败之后雅凯三缄其口，但是，在多梅内克2006年之后不愿让贤，雅凯终于决定放弃对他的支持，甚至公开提出了指责。

　　尤其是2008年的欧洲杯失利之后，雅凯坚决要求多梅内克离职。但是，2010年世界杯后，连法国足协主席埃斯卡莱特都不得不引咎辞职，而多梅内克仍然拒绝卸任。对此，雅凯愤怒地说："我很遗憾法国队所遭遇的一切。对于埃斯卡莱特，他承受了那么多的压力，还能表现出这样的风范，这是一件很不容易的事情。就我所知，他不是一个教练，并没有直接的责任。在掌舵业余足球的培育和发展上，他曾经非常出色，不过担任主席之后，他对于一些人过度信任，结果导致了最后的脱轨。我想提出的一个问题是，在关键时刻，谁真正地支持了他？"

1994年，雅凯刚刚担任法国队主教练不久，就遭遇了相仿的事件，当时的足协主席法亚德因为相仿的原因辞职。笔者觉得和那时相比，唯一的不同是球员的反应，法国队球员在南非世界杯上罢训，让笔者感到了意外，感到了伤害。笔者不知道他们想说什么，想做什么，他们的态度让笔者觉得不负责任，不可思议。笔者遇到的很多人也有同样的感受，法国足球的形象就这样变得一片狼藉。

除了对于多梅内克的失望之外，已经退休的雅凯对于球员的表现也十分遗憾："的确，这些球员的表现是不负责任的，这让我们感到格外伤心。我相信，这些球员的本质并不是这样的，他们所做的未必是他们所想做的。在他们身边，有过多的经纪人或者顾问，这些人出自不同动机的建议并不都是合适的。我注意到多梅内克念的那个罢训的宣言，那绝对不是出自球员之手，而是出自一个职业律师之手。不过，在这里，我想表达的是，（法国体育部长巴什洛）把这些球员视为流氓，这有点太过分了。要注意词语的使用，尤其是一个代表着共和国形象的部长。从这个角度来说，这是不可容忍的。"

的确，和雅凯带领的一代球员达到的高峰相比，现在的球员处于相当低的海拔高度上。雅凯所带领的一代球员达到的高度当然和雅凯相关，雅凯本人无论是从作为一个教练的职业和专业精神，还是从一个人的气度和胸怀上都堪称典范。正如我在7年前对他的采访中他自己所说的那样，他的职业生涯100%完美。

雅凯，教练生涯100%完美

2007年2月下旬，笔者向雅凯介绍了《足球周刊》的改版和新创办的"一对一"专栏，雅凯表示这是一个好主意，并且很快要求秘书预定了时间。那是一个春天的午后，在位于法国足协4楼的办公室里，雅凯从桌上堆满的文件中清理出一片空挡，就像他的秘书维罗尼克在紧密的安排中挤出这个约会一样。结果，笔者和他天南海北地聊了近一个小时，告别的时候，雅凯还特别祝愿中国足球越来越好。

中国足球终将让世界侧目

笔者：前些年，您预言中国女足将在2004年夺冠，法国将问鼎2007年，结果，两支球队在美国先后折戟。

雅凯：对，但是你知道，这就是足球，随时随刻都要总结和反思。对于法国队来说，我觉得这个成绩是可以接受的。首先，这是她们第一次参加世界杯。其次，她们在这次经历中学到了很多东西。德国获得冠军恐怕很多人都没有料到，在女足大国中间，有个重新排座次的问题。

笔者：您上次见到的中国女足主教练被解职了。

雅凯：他们失败了，就要接受失败的代价，这也是很正常的。中国的情况和法国不一样。中国和美国一样是世界杯的夺标热门。

笔者：您对中国足球还是有很多了解的。

雅凯：我很长时间没有去那里了。就我个人的理解，中国的足球在一个动荡之中，很不容易。就像所有希望在足球领域跻身世界一流的国家一样，中国开始和世界强队对话，接受外国教练和球员，展开多边的交流。如果中国足球一旦职业化以后，理顺了各种训练和比赛机制，中国的足球将让世界刮目相看。

笔者：在您看来，学校是足球的未来吗？

雅凯：是的，具体来说，足球要从孩子抓起。但是要解决好的问题是学习和踢球之间的矛盾。一方面，我们要培养踢球的技术；另一方面，我们要培养作为一个人本身的素质，后者更重要。这样，要组织好孩子，安排好他们的作息时间，每天都可以踢球。

笔者：您认为这是中国足球崛起的根本吗？

雅凯：是的，因为足球的技术和知识的积累是一个道理，开始得越早越好。我想，要是有这样的基础，中国的足球将会更有动力。如果每天都能保证4个小时的训练时间的话，就会产生数量可观的苗子。

笔者：把中国孩子放到国外是不是一个捷径？

雅凯：如果年龄太小不见得是一件好事，他们需要有家庭和朋友。把他们从自己熟悉的环境放到一个陌生的环境中，从儿童心理学上来说得不偿失。

笔者：十七八岁开始呢？

雅凯：是的，但是不能再早了。十七八岁就已经是一个男人了。他们到欧洲来踢球最合适了。这是一种获得经验的最好的方式，等到他们回到中国的时候，就会把他们学到的东西传达到中国的联赛中去。他们体会到不同的足球，无论是法国、德国还是荷兰，他们都会有很大的收获。这是很重要的事。

笔者：但是如果在国外打不上比赛呢？

雅凯：打不上比赛是正常的，无论是谁，都要接受竞争。如果在中国能打上比赛，那么还是待在中国对这个球员更有好处。不过，中国需要这样的球员到国外去，去见识另外的世界，然后再返回中国，完成足球理念和技术的交换。

退休了也要为足球做事

笔者：您退休提上日程了吗？

雅凯：（对于这个大家都已经讨论很久的问题当事人竟然一脸愕然）还要等上一段时间，因为我还有很多事情要做。（语调放慢了）这件事完全由我自己来决定，什么时候我想退休了就退休，否则我就一直留在这个岗位上。而且，就算我退休了，也要拿出很多时间继续做些足球上的事。

笔者：您对法国足球几乎贡献了大半生，难道不想休息一下吗？

雅凯：是的，退休以后就会多些时间了，做一些原来我想做但是没有时间做的事情。

笔者：有什么具体的计划呢？

雅凯：我没有计划，因为一旦有了计划以后就要被这个计划所束缚，反而妨碍了安排生活的自由。我有很多小的计划，都需要根据实际情况来确定。

笔者：除了足球，您还有什么爱好呢？

雅凯：我喜欢登山，我喜欢一切自然的东西，我喜欢待在自然界，哪怕就是散散步也好。此外，我还喜欢电影和舞台剧，如果有时间的话，我会在这上面花费更多的时间。而现在，有两年多了，忙来忙去，我没有看过一场电影。

笔者：您喜欢什么风格的片子？

雅凯：我喜欢靠故事本身取胜的电影，我不喜欢那些动作片和科幻片，不喜欢好莱坞的东西。一句话，我喜欢和真实靠近的东西。我特别欣赏那些有个性的演员，一出现的时候就会让你感受到他的魅力，比如德帕迪约，那简直是一个神话，天生的舞台剧演员，还有女演员中的阿佳尼。

收入是水到渠成的事

笔者：您是法国最有名的教练，也是最不在乎自己收入的教练，从波尔多到国家队，您的收入始终都被严重低估了。

雅凯：是的，我对于收入多少不是很在乎，我对此不感兴趣，也从来没有计较过，因为这不是我最需要的。对我来说，最重要的是成绩，最重要的是参与。另外，（他笑了）坦率地说，我觉得自己的收入已经够高了。从球员到教练，我的生涯都已经够丰富了，无论是从体育成绩来说，还是从自己的收入来说都如此。

笔者：我看见了您在电视台为一家连锁餐馆做的广告。

雅凯：那倒不是从金钱角度的考虑。我来自圣埃蒂安，那里的企业有困难了我感觉自己有义务伸出手来。另外，这个广告针对孩子的主题打动了我，那就是不用花很多钱也可以吃得很营养。当然了，这不是一个公益广告，这个圣埃蒂安的企业也有自己的用心在里边呢。

笔者：现在球员和教练对于金钱越来越重视了，您怎么看？

雅凯：我觉得这主要是体制，而不见得是这些球员和教练本身的问题。面对金钱的冲击，球员或者教练一定要保持清醒的头脑，很简单，那就是首先踢好球，在自己的职业生涯里取得成绩，至于金钱，是水到渠成的事。踢得好挣得多，这很正常。

笔者：您对政治也很感兴趣，我看到过您和希拉克夫人一起工作的报道。

雅凯：哦，是这么回事，我的确和希拉克夫人一起做过很多事，主要是为了老人们争取更多的社会权利。法国是一个老龄化非常严重的国家，我们要尽可能地帮助他们。不过，这和政治一点关系也没有。我不关心政治。

笔者：您在担任法国足协技术总监期间，曾经和很多国家领导人保持良好的关系，当时，是不是也有政治人物对于足球的介入呢?

雅凯:不,完全不是这样的。那个时候,我曾经和法国总理若斯潘一起共进午餐,但那完全是私人行为,而且并不涉及任何关于任免的决定。我还和比费(BUFFET)、拉穆尔等体育部长保持经常的联系,但是,我的工作始终都是独立的。

职业生涯完美得不能再完美

笔者:总结一下您的职业生涯。

雅凯:好的。我从圣埃蒂安开始球员生涯,之后,去里昂结束了职业生涯,同时开始拿到了教练文凭,开始任里昂队主教练,接着1980—1989年执教波尔多,这是我最成功的10年,接着我去了南锡,从南锡回到了巴黎,成了国家队主教练。我对于我的职业生涯非常非常满意,这是一个完美的生涯。这也是我愿意坚持工作的一个原因,我很幸运自己的成功,现在,我要把自己的经验传授给其他人。

笔者:我在《法国足球》杂志找到了一张您的照片,您被该杂志推选为法国最佳教练。

雅凯:是的,这是我的骄傲,能够被这家最权威的足球媒体认同是我的骄傲。有巅峰也有谷底,但是我的生涯是完美的，我实在是感到幸运。很多人可能比我更有潜力，但是没有这么多成功。

笔者：您和同属于阿莫里媒体集团的法国《队报》却几乎水火不容。

雅凯：是的，我们在世界杯期间有过冲突。

笔者：现在，当时的总编辑热罗姆已经被解职了，这段历史是不是已经告一段落了？

雅凯：当然了，这已经是过去的事了。你知道，《队报》是这件事的起源，（语调沉缓起来）造成了一切的后果，（似乎不愿意深入下去，所以紧接着说）反正这一页已经翻过去了。《队报》的问题在于法国只有一家体育日报，没有任何竞争对手。

法国队和法甲

笔者：舆论对于现在法国队后防线的老迈有些怀疑。

雅凯：正好相反，他们经常在一起打，经验上无可挑剔。由于调整位置，他们需要一段时间的适应。你看到了，德塞利和图拉姆这对中卫搭档配合得不错，没有任何问题，两个著名球员都有很多经验，有很大的互补性。

锋线两个人都是新人，推出他们是亨利和特雷泽盖双双缺席的结果。在他们后边还有新人涌现，这是法国队的福气。戈武也是一个非常出色的球员。从锋线来说，我们任何问题都没有，和1998年正好相反，当时，我最缺乏的就是前锋，我没有这种档次的前锋，更别说是同时拥有这么多前锋了（夸张的表情不是妒忌是祝福）。

笔者：最后，我们谈谈法甲。

雅凯：本赛季以来，我们重新找到了那个我们期待的联赛，从各个方面来说，都看到了积极的迹象。

笔者：法甲缺少一支可以问鼎欧洲的豪门。

雅凯：是的，不过，这些年里昂的成长很快，就算是和欧洲其他相应的俱乐部对比起来，里昂也有实力在冠军杯上走得更远。至于摩纳哥，他们的表现更让人瞩目，很遗憾的是，他们的队伍在球员数量上有很大的制约，一旦出现受伤或者停赛就会影响整体水平的平衡。

笔者：德尚的成功是不是让您感到意外？

雅凯：他有这个能力，他有一切成为好教练员的潜力，就像当年他有成为一个好的球员的潜力一样。他是一个很职业的人，很懂得管理之道，懂得怎样调动大家的积极性，他是个天生的好教练。

笔者：三年前，大家还觉得他是一个好的球员不一定是一个好的教练员。

雅凯：是的，但是对于所有的球员都一样，不是说一个人昨天还是球员今天就成为一个好教练了，这是不可能的事，这需要时间。对于我来说，德尚的时间用的已经是太少了，他适应得太快了，在很短的时间里，他从根本上改变了一支球队，这是他的天才。

笔者：我们甚至可以这么看，与其说是摩纳哥队的成功，还不如说是德尚的成功。

雅凯：对，完全如此，是德尚的成功，然后才是摩纳哥的成功。利用有限的球员，发挥出所有人的潜力，这是一个奇迹。他最重要的是始终坚持自己的主意，有几次，他甚至差一点被俱乐部解职，但是他最后终于成功了。

笔者：您认为他将来是国家队主教练的好人选吗？

雅凯：当然了，不过，这是以后的事情，他还很年轻，还有很多事要做。做国家队主教练，至少需要10年甚至是15年的经验，国家队和俱乐部是不同的。这是一个很敏感的位置，需要很多经验，需要更多地处理人事关系。

2010年世界杯，法国队惨败南非之后，笔者再一次采访了雅凯，请他总结法国队及其主帅多梅内克的失败。

主教练当4年就足够了

笔者：在场上输了比赛，但是比球员更需要负责任的人是多梅内克，他在6年当中没有给法国队带来任何的改变。而多梅内克能够出任法国队主教练，主要得益于您的支持……

雅凯：是的，多梅内克是我推荐的。那是2004年，在他担任主教练之后，法国队成了世界亚军。从此之后，我完全改变了对他的看法。如果说失误的话，那么，这个失误完全在于那些接下来的掌权者，他们为什么要坚持让多梅内克继续留任呢？2006年，在我退休的时候，我甚至这样告诉多梅内克本人："一切都应该结束了，从此之后，不要再指望我了，不要再给我电话了……"事实上，这也的确是我们两个人之间的关系。时过境迁之后，我仍然觉得国家队主教练是一个很艰难的角色，也是一个很容易犯所有错误的角色。所以，我自己始终都认为，主教练不能超过4年，这一点，我曾经多次公开表达过。

笔者：现在，您认为法国队怎样开始翻开新的一页呢？是不是要像很多人提出的那样，要曾经作出多梅内克留任的法国足协成员集体辞职？

雅凯：不，完全没有那样的必要。足协的成员是足协大家庭方方面的代表，无论是业余足球还是职业足球，我们现在需要做的不是推卸责任，也不是一切推倒重来。我们需要的是重建信心，他们需要重新思考一种新的模式。那些想让所有成员都辞职的人，我觉得对于他们要小心，他们未必对于足球真的关心，他们甚至可能别有用心。大家需要的不是辞职，而是尽快地重新投入到工作当中去。

笔者：多梅内克的接班人布兰克是您所带领的1998年夺冠的那代的代表球员之一，您是不是对于他充满了信心？

雅凯：是的，早在球员时代，布兰克就很善于思考，有难能可贵的全场的概念。他作为球员所经历的一切使得他作为教练具有其他人所无法比拟的优势。在波尔多的三年时间，他证明了自己的能力。现在，法国队需要像他这样的教练，我相信他会给我们带来新的向往，同时我也注意到，他所面临的不是一项轻松的使命。

笔者：本次世界杯期间，您不光是法国电视台的特邀现场解说嘉宾，还开始为在线赌球公司BETCLIC工作？

雅凯：是的，世界杯不光是我最热衷的足球比赛，也是成千上万球迷的节日，我希望更多地投入到这个奇遇当中去，让更多的人分享我对于足球的理解。尤其是那些希望对于足球比赛作出预测的球迷，从技术上给他们提供更多的信息。从这个角度上来说，这是一个职业教练把他的经验分享给所有的球迷。

笔者：预测比赛，是一种风险很大的做法，就算是一个职业教练也未必能够预测准确……

雅凯：是的，这里我要强调的是，我做的不是一个预测，而是提供更多的思考，是一个职业教练从自己的角度进行的思考。对于每一场比赛我都有自己的看法，不光是世界杯，冠军杯也是一样的。我常常在比赛之前就开始准备了，我分析他们的备战情况，他们的体能，他们的技术，他们的战术，还有他们的配合和精神状态。这是一个很有趣的工作，从某种意义上说，这是一个教练甚至是国家队主教练的工作。

笔者：这是不是让您重新体验到了您在国家队的经历？

雅凯：不，现在，我只是一个球迷，一个从技术角度看比赛的球迷。虽然很多时候，我仍然会从沙发上跳起来，像所有人一样。和做教练的时候相比，我现在更轻松了，没有那么多具体的压力。

笔者：从您的角度，对于世界杯夺冠热门的预测并不是非常准确……

雅凯：（笑）在比赛开始之前，除了西班牙队之外，我曾经看好巴西队和英格兰队，可惜他们都很早地出局了。我对于西班牙队的顾虑在于他们球员整个赛季过于疲惫的状态是否能够得到调整，现在看来，这个问题已经得到了很好的解决。

笔者：比赛中经常出现的裁判问题，您认为应该怎样解决呢？

雅凯：我希望我们能够更多地帮助裁判，他需要保持比赛的顺利进行，还需要保护球员不被侵犯。在整个比赛中，最孤单和无助的就是裁判了。为了更好地掌控局面，我认为在场上增加一名裁判是一个很好的主意。这个主意我已经向欧洲足联和国际足联建议了15年了。这是最为现实的一个解决办法。至于录像，也是一个办法。不过，这个办法有滞后的效应，不能够对于场上的变化做出即时的反应。不过，我也很支持借助这样的手段，对于那些明显的犯规，可以根据录像做出裁决，甚至是很严重的惩罚。这种惩罚的意义在于，警诫那些敢于以身试法的球员，让他们知道一旦作出这样的尝试就会受到惩罚的后果，这样他们就会在心里杜绝这样的想法了。

第七章 1998—2004年：
后雅凯时代的巅峰与谷底

千禧年，相信童话是真的

　　1998年的世界杯之后，雅凯辞去了主教练的职务，并且接替了霍利尔担任法国足协技术委员会主任。他的助手勒梅尔则继续执掌法国队，并且沿着雅凯所创造的辉煌，在强大的惯性下，顺势取得了2000年欧洲杯的冠军。法国成了连续获得了世界杯和欧洲杯的第一个欧洲国家。后来，法国队又获得了2001

年和2003年的联合会杯。从2001年5月到2002年6月这一年多的时间里，法国队一直保持着国际足联第一的排名。可以说，从1998年一直到2002年世界杯之前，这是法国足球最辉煌的年代。舆论甚至开始把法国队比作第二次世界大战前的奥地利队，或者20世纪70年代的巴西队了。

不过，如果了解法国人的国民性，你就不会那么盲目乐观了。按照法国足球过山车般高峰和低谷的急速转换的法则，当辉煌达到极限了的时候，很快就要面对风向的改变了。这次风暴就发生在2002年世界杯。作为一致看好的夺标热门的法国队竟然小组都没有出线，而且一个球都没有进，就惨淡离开了韩国。这样的急转弯后的背影，让人瞠目结舌。从1993年到1998年，雅凯用了5年时间，把法国队打造成了一个地地道道的王者之师。守业比创业难的道理在勒梅尔身上应验了，在接下来的4年时间中，法国队渐渐失去朝气，身后的光环渐渐黯淡了。

勒梅尔时代的开场，不可不谓精彩。在那个剑锋指处所向披靡的时代，不光是实力以及实力背后的信心，就连所有的幸运都好像集中在法国队的这一边。1999年2月10日，在温布利球场，法国队2：0击败了欧洲足球的鼻祖英格兰队。打进这两个球的，是我们后来要一再说到的法国队前锋阿内尔卡，那时候，他只有19岁。而助攻的，则是巅峰状态的齐达内。赛后，阿内尔卡感慨地说："我要感谢齐达内，这是一个想要把球传到哪儿就能传到哪儿的球星，和他合作真的很幸运。"

阿内尔卡说得没错，法国队的表现在很大程度上决定于齐达内的状态，而一个球星的发挥常常具有周期性，法国队当然也就不能在所有的比赛中都锋芒毕露了。在2000年欧洲杯的预选赛上，法国队甚至连出线之旅都走得格外艰难。尤其是在巴塞罗那和安道尔的比赛，仅仅靠后卫勒伯夫的点球才勉强以1：0胜出。不过，几乎每一次大赛的好成绩，都是和预选赛的艰难分不开的，这几乎已经成了法国队历史上的另外一个规律！

没错，经过这场小小的担心之后，法国队很快重新显示出了世界冠军的霸气。在荷兰举行的欧洲杯上，勒梅尔甚至一改雅凯时代的保守打法，并且以快意的方式重温了普拉蒂尼曾经抵达的高峰。防守反击？不，全面出击！亨利和阿内尔卡的涌现改变了雅凯时代锋将乏人的窘迫，而齐达内远离了车祸和红牌，在中场的调度则日趋完美，法国队几乎成了一部轰隆运转的进球机器。首场对劲旅丹麦队，比赛的过程像比分一样干脆，3：0。紧接着，法国队先以2：1力克捷克，后在对东道主荷兰队的比赛中2：3败北。

那是一个每个法国队队员都处于自己职业生涯中巅峰状态的时刻，对丹麦队时的亨利，对捷克队时的德约卡夫，对荷兰队时的杜加里，他们加起来，就是处于巅峰时刻的法国队了。如果查一查法国队的交战史，逢丹麦队的胜者，必是后来的捧杯者：1984年欧洲杯、1992年欧洲杯和1998年世界杯都是如此。那么，2000年的荷兰欧洲杯，这个魔咒是否会继续应验呢？

如果从分组形势上看，法国队几乎没有占任何优势，随后在八强和四强中的遭遇同样如此。西班牙队和葡萄牙队，他们从场面上并不逊色于法国队，但是，显然没有法国队一样的士气和运气。早在欧洲杯开始之前，预言家齐达内就一再表示："如果我们发挥得好，有什么不可以实现的呢？"

是的，法国队发挥得很好，尤其是他自己发挥得很好，一切如齐达内所料。虽然场面势均力敌，但是凭借德约卡夫的进球，在上半场就以2：1的比分领先西班牙队。下半场，勒梅尔决定全线回防，仅留亨利在前场牵制对手，法国队由此陷入全面的被动之中。第89分钟，著名意大利裁判科利纳吹出了一个莫须有的点球，这是一个差不多要改变历史的错判，不知道是不是上天意识到了这一点，所以才还给比赛本来应有的公平。主罚点球的劳尔把这个球直接踢向了看台，同时也打碎了西班牙晋级的梦想。

6月28日的半决赛上，和葡萄牙队的较量比对西班牙队还要艰难。历史总是惊人的相似，在1984年的欧洲杯上，普拉蒂尼率领的法国队正是在加时赛战胜葡萄牙队之后才获得第一个冠军，那时候，齐达内在电视前为这一幕而欢呼。16年之后，轮到齐达内重复普拉蒂尼的故事了，这个法国队的新一代领袖打进了自己在法国队最重要的一个点球。齐达内后来说："本来确定的主罚点球的队员是德约卡夫，但是德约卡夫没有在场上，我就只有当仁不让了，事实上，我早已知道我的踢法，我早已知道这个球肯定会进。"

回顾这段历史，这些球员的声音犹在耳边，这些声音好像来自天籁。笔者真的忍不住好奇：难道是如有神助吗？而如果说如有神助，那么，在决赛一场简直就达到了一个极致。无论是法国球迷，还是意大利球迷，他们肯定不会忘记这一幕，不会忘记2000年7月2日这场近乎于非现实的比赛。意大利队，从来都是法国队最怵的对手，虽然没有新科世界冠军那么大的风头，但是这支现实主义的球队把第55分钟的进球优势一直保持到了第90分钟。这时候，意大利人已经开始相信自己的胜利了，替补席上的球员都已经站了起来，准备跑进场内庆祝了。

但是，第94分钟，补时的最后一分钟，奇迹发生了。巴特斯大脚开出全场的最后一个球，刚刚替补上场一刻钟的特雷泽盖左边路拿球后传给迅速插上的另外一个替补队员维尔托德，维尔托德胸部一停，直插禁区左侧并且起脚破门，1∶1。就算是现场的观众，谁能够相信自己的眼睛？在接下来的加时赛中，第103分钟，皮雷禁区内回敲，特雷泽盖左脚凌空抽射，打进了结束比赛的"金球"，法国队2∶1逆转，击败了意大利队。涌进场内的不再是已经呆若木鸡的意大利人，而是疯狂的法国人……

勒梅尔，是除了维尔托德、特雷泽盖和齐达内之外的最大的英雄，捧起奖杯的球员意犹未尽，甚至举起了体重接近90千克的勒梅尔。我们甚至怀疑一向不善言辞的勒梅尔是一个悬念大师，故意在下半场才换上力挽狂澜的三名队员：维尔托德、特雷泽盖和皮雷。而这也是他执教生涯的神来之笔，从此之后，一直到他被法国足协解职，他就都再也没有这样奇妙的临场换人了，再也没有幸运之神的眷顾了。

这一点必须要强调，和普拉蒂尼一代相比，从1996年到2000年，齐达内这一代太有运气了。在两次捧杯中，居然有3次胜利是靠后来被取消了的"金球"，也就是加时赛的第一个进球来获得的，有两场比赛是靠点球大战获得的。更不要说，对手劳尔射飞了点球，还有维尔托德在最后时刻扳平的比分，这样的一连串童话般的现实，难道可以用理性的方式来解释？我们只好相信童话是真的了。

而足球的神奇，很多时候确实无法解释，如果完全靠实力来决定输赢，那么，比赛还有什么意义呢？所以，这些无法预知的偶然，也算作是这项运动的魅力。在那个辉煌之夜过后，勒梅尔没有急流勇退，但是，他的两名核心队员，效力法国队97场的队长德尚和效力103场并有着"总统"外号的布兰克宣布退役了。那是2000年9月2日，在法兰西大球场的告别仪式上，出席的不仅有法国队队员。还有法国足协主席西蒙内（SIMONET）和体育部长比费（BOUFFET）。

韩日世界杯，削足适履的"4231"

德尚和布兰克的先后挂靴几乎标志着一个时代的终结。正是依靠他们两人尽心竭力地投入，雅凯才得以完成了自己稳定后防的首要目标。换言之，德尚和布兰克这两个中场和后防的核心人物才是法国队不败的基础，在此之上，齐达内才可能让自己的盘带和过人名扬于世，就算是世界杯和欧洲杯上常常可以称得上神奇的运气，也要在自己城门不失的前提下才可能兑现。

而对于勒梅尔和他统率的升级版法国队而言，德尚和布兰克的作用还不仅于此。他们也是勒梅尔的智囊，甚至勒梅尔挑选球员和拟定首发名单都要参考他们的意见。与此同时，鉴于布兰克和德尚在球队之中的领袖地位，他们天然地成了勒梅尔的战术被球队之星接受的桥梁。现在，这个智囊变遥远了，这个桥梁不存在了，勒梅尔的光荣时光也很快就要夕阳西下了。

无论是光荣还是耻辱，惯性的力量都是很庞大的。尽管布兰克和德尚已经离开了，2001年的法国队仍然如日中天。在法兰西大球场，他们甚至4∶1横扫了葡萄牙队。接下来，在日本举行的联合会杯上，他们一举夺得了冠军，其中，皮雷还被评为最佳球员。必须得承认的是，这支法国队并不是标准版的法国队，而是一个简版，因为其中只有10名欧洲杯的冠军。显然，勒梅尔希望新人能够接过老队员的衣钵，毕竟，球员换代应该提早考虑，何况，对于像西塞这样在法甲脱颖而出的新锐球星，法国队怎么能够不打开大门呢？

没错，在雅凯时代，锋线上是吉瓦尔什和杜加里这样很卖力的前锋，但是，他们身上却缺乏真正的"杀手"的天分。轮到了勒梅尔，他的选择空间极其丰富。在2002年的韩日世界杯上，他的麾下竟然汇聚了英超、意甲和法甲三大联赛的最佳射手，他们分别是亨利、特雷泽盖和西塞。这样的杀伤力，看起来绝对是首屈一指。出乎所有人意料的是，在小组赛上的三场比赛中，这三个最佳射手没有打进一个球，法国队也没有打进一个球就被淘汰了。

第一场比赛，爆出冷门的是塞内加尔队。虽然技术并不娴熟，经验更谈不上，但是充沛的激情带来了迪奥普的绝杀，1∶0。失球之后的法国队陷入了前所未有的被动，和此前判若两队的是，他们几乎没有表现出任何的士气，也不再有运气了，比如特雷泽盖的射门打在了门楣。没有任何一支球队能够在输掉了世界杯的首场比赛之后捧杯，这是世界杯的一项传统。但是勒梅尔不相信，他有足够的理由不相信：他还有一张没有出的牌，王牌，受伤的齐达内终于可以在接下来和乌拉圭队的比赛中上场了。

不过，在这场扳回希望的比赛中，齐达内并没有发挥出自己的作用。他不再有灵感，甚至不再有预言，而是有怨言。赛前，他曾和珀蒂等核心球员一道质疑勒梅尔的战术选择。事实上，从世界杯开始以来，勒梅尔始终坚持自己的"4231"打法，不愿意因为球员的特点和对手的情况而调整，甚至不愿意听取任何的建议。而包括齐达内在内的几乎所有球员，都认为这样的打法是完全教条化的。当时唯一没有表态的老将是图拉姆，不过，他在自己的回忆录中这样反问："那一届世界杯的战术是完全不适应的，所有球员都不同意，我没有表达自己的意见，但是假如我说我不同意，难道会改变勒梅尔的决定吗？"

当然不会！那时候的勒梅尔已经无法听进任何的反面声

音，军人出身使得他对于球员的所有要求都可以简化成一个词：服从。这样的要求，没有人能够例外，就算是齐达内也不能。和他的继任者们相比，勒梅尔是幸运的，他没有遇到桑蒂尼的窘境和多梅内克遇到的罢训事件，但是，对于一个卫冕冠军球队来说，他所带领的法国队将会很快遭遇到一个万劫不复的境地。很显然，在这样的背景下，齐达内并不能够从根本上改变法国队，他甚至连那样的热情都缺乏。在和乌拉圭队的比赛中，法国队的表现比上一场的确好了，最终0∶0结束，比分上也的确更宽容一点了，但是仍然很不充分。

在1998年的法国本土世界杯上，法国队在7场比赛中总计打进了15球，在2000年的欧洲杯上，法国队在6场比赛总计打进了13个球，在2002年韩日世界杯上，法国队到底会打进几个呢？小组赛的最后一个对手是丹麦队，如能净胜两球，法国队就可以出线了。如前所述，丹麦队是法国大赛的晴雨表，这并不是一个不可能的比分，而且这个比分基本上决定着法国队的高度。结果果然是2∶0，但是，赢球的是丹麦队，而不是法国队。

法国队出局了，甚至没有一点令人怜悯的理由。法国舆论瞬间一片哗然。法国队瞬间从英雄直接沦落为罪人。大家无法理解的是，法国队为什么会表现得如此失常？而这个失常，为什么如此突然？最不可思议的是，法国队在3场小组赛上居然没有任何进球，这是3个联赛最佳射手的耻辱，也是法国队的耻辱。

时过境迁之后，对于他们一致的哑火，抛开所有的解释，我们不得不承认的是，这一次，运气的确并没有站在法国队一边。纵览这3场比赛，虽然没有一次进球，但是法国队总计射门却高达42次，其中击中门柱或者门楣5次！加上齐达内和亨利的先后受伤以及亨利的红牌，法国队的实力并没有如实地展现。

如果抛掉运气这个偶然性的因素，从必然性的因素来分析，法国队的赛前训练不充分，也不适合，没法让球队达到最好的状态。教练组显然没有考虑充分时差和天气因素的影响，加上像亨利、特雷泽盖和西塞等球员，在获得最佳射手的桂冠的同时，也意味着整个赛季的过度疲惫，这种疲惫几乎体现在法国队所有队员的身上。说到这儿，利扎拉祖后来的回忆更干脆："我们根本就没有什么赛前准备！在俱乐部结束比赛之后，集训仅仅是个来到亚洲之前的一个过场。"

当然了，这样的问题不光是法国队自己的问题，而是所有欧洲球队面对的问题。对于法国队而言，勒梅尔最遗憾的是，球队在危机之中没有焕发出那种在1998年世界杯和2000年欧洲杯中众志成城的凝聚力量。没错，但是勒梅尔为此又做出了哪些有效的努力呢？勒梅尔的固执己见，引起了法国队队员的消极抵抗，尤其是他一意孤行的"4231"打法，在皮雷和齐达内分别受伤之后已经完全是削足适履的做法，这也是法国队落败的根源。事实上，他对于球员的不倾听和不理解也成了法国队内讧的根源，这个他屁股下面的火山口，虽然在他的任内仍然保持着安静，但是在他离职之后的时代却会连续爆发。

无论如何，韩日世界杯的惨败让法国足协实在无法收场。按照最简单的办法，当然是解除勒梅尔的主教练职务。这是一个惯例的做法，事实上，在此之前，逢大赛落败的主教练大多都主动引咎辞职。但是勒梅尔拒绝了这样的做法，而法国足协早在欧洲杯的时候，就和他签了一份长期合同。深感后悔的西蒙内和他探讨解职的可能性的时候，他甚至狮子口大开，搞得法国足协狼狈不堪。

"桑蒂尼炸弹"

不管怎样，换帅都是大势所趋。这一次，勒梅尔已经挑战了法国足协的权威，他的团队也是如此，法国足协主席西蒙内决意改变了让助理教练接班的传统。在里昂俱乐部主席奥拉斯的推荐下，他外聘了当时在法甲联赛连续获得冠军的里昂俱乐部主帅桑蒂尼。鉴于勒梅尔的教训，西蒙内极为谨慎，和桑蒂尼的合同仅仅签了两年，也就是到2004年的欧洲杯结束。和对于勒梅尔的过度信任造成的麻烦相比，这一次的不信任造成了新的风波，而这个风波直接影响了2004年欧洲杯法国队的表现。

在这个风波爆发之前，法国队多多少少还是显示出了中兴的迹象。毕竟，从法甲锤炼出来的桑蒂尼代表着当时法国足球的实用主义流派，他的很多主张都和雅凯不谋而合，甚至就连性格也有几分相像。和雅凯不同的在于，他没有给自己确定一个拿下欧洲杯或者世界杯的目标，这也情有可原，他和法国足协的合同标明，他自己的位置都是不确定的。所以，他很清楚地发出了和凯恩斯一样的慨叹："国家队追求的永远是短期成绩，因为就长期而言，连我们自己都将死去。"

这一点，诚然和他自己当时的处境有关，因为法国足协并没有给予他像当年给予雅凯和勒梅尔一样的信任，但是，就算推广到无限的时间和空间之中，这样的信条也并没有错。事实上，只要连续的失败，无论是在国家队还是在俱乐部，危机之中，充当替罪羊的只能是主教练。

了解这样的背景之后，对于桑蒂尼上任之后法国队所取得的成绩就不会感到奇怪了。在2003年的联合会杯上，法国队

1∶0战胜了喀麦隆队，再次捧杯。不过，这样的喜悦被一个意外的悲剧冲淡了。在半决赛中，喀麦隆球员福（FOE）不幸死在了场上。在颁奖仪式上，法国队和喀麦隆队的合影中，福的照片就摆放中间。那是难以置信的一幕，也是难以想象的场面。

这样的插曲当然不会影响接下来的法国队继续凯歌高奏。所有勒梅尔曾经遇到的问题，现在都好像已经不存在了。法国队客场2∶0战胜小组主要对手斯洛文尼亚队，法国队在8场比赛中获得了7场胜利，轻松地拿到了2004年欧洲杯的入场券。不要再提"4231"了，在桑蒂尼改进版的"442"中，亨利和特雷泽盖这两名当时法国最好的锋线组合度过了自己在法国队最幸福的时光。2003年11月15日和德国队的热身赛就是这段时光的经典一幕：亨利两次助攻，特雷泽盖两次破门，加上齐达内在第81分钟的远射，法国队以3∶0完胜。这也是亨利在法国队最有效率的一年，总计在法国队打进了11球，助攻8次。

转眼到了2004年5月20日，为了庆祝自己的百年诞辰，国际足联在法兰西大球场组织了一场当时排名第一和第二的两个球队的比赛，这两支球队就是2002年和1998年世界杯冠军得主巴西队和法国队。虽然明星荟萃，但是，可以想象得出赛季末这些明星的疲惫。法国一方，巴特斯和利扎拉祖等多名主力缺席，但是库佩和布姆松等替补球员表现出色，尤其是库佩，这位巴特斯不久之后的接班人扑出了3个必进球。这场庆典性质的比赛，最终以0：0的皆大欢喜的结局告终。

皆大欢喜的局面，好像无法形容桑蒂尼和法国足协之间的关系。早在两个月前，桑蒂尼就向法国足协提出了续约的要求，毕竟，自己要对下赛季的去向有个准备，更重要的是，桑蒂尼期待法国足协能够给自己更多的信任，就像当年给雅凯的那样。何况，按照桑蒂尼接任时候和法国足协的君子协定，法国足协本来就应该在欧洲杯之前和他续约！

显然，这并不是法国足协的逻辑，他们有他们的难处。2002年韩日世界杯前，西蒙内给勒梅尔续签了合同，然而法国队第一轮就被淘汰，勒梅尔拒不辞职的教训仍然历历在目。在这种情况下，西蒙内向桑蒂尼允诺将在葡萄牙讨论续约问题。这个允诺的潜台词是，只要打入四强，桑蒂尼的合同将自动延续到2006年世界杯。但是，如果法国队没有进入四强，甚至没有进入八强，那么桑蒂尼作为替罪羊的命运是显而易见的。

西蒙内的如意算盘让桑蒂尼感到了巨大的失望。作为里昂队的主教练，桑蒂尼在蝉联法甲冠军的时候已经引起了各大豪门的关注。执教法国队期间，仍然有很多俱乐部向他抛出了橄榄枝，尤其是英超劲旅托特纳姆给了桑蒂尼一份优越的合同，不仅有更多的收入，还有更大的权限。当时，桑蒂尼在法国队的年薪是50万欧元，而托特纳姆开出的年薪在150万欧元之上，就像桑蒂尼自己说的那样，钱是一个考虑的因素，但不是一个决定因素，法国足协迟迟没有答复才使得他下了最后的决心。另外一个因素在于，英超的主教练负责制一直是桑蒂尼的向往，因为他终于可以有一个全面施展自己纲领的天地了。

桑蒂尼和托特纳姆的所有联系都是暗中进行的，直到6月3日下午，托特纳姆捅出了这个消息，公开宣布桑蒂尼将在下赛季接手该俱乐部。桑蒂尼本人在克莱枫丹大本营向媒体证实了这一点，接着给包括西蒙内和雅凯在内的法国足协高层人物打了电话，表示自己在数小时前已经接受了托特纳姆的邀请。随后，在晚上6点钟向所有队员宣布了自己的决定。在欧洲杯开赛前一周决定投奔英超，这个消息简直是一个晴空霹雳。第二天的《队报》头版的标题很有代表性，叫作"桑蒂尼炸弹"。

第二天，桑蒂尼在克莱枫丹训练基地召开了一次新闻发布会。既然一只脚已经迈向了英超，对于桑蒂尼感兴趣的也就不仅仅是法国媒体了，很多英国记者专门赶到了现场。对于摄影记者的"狂轰滥炸"，一向反感照相的桑蒂尼表现出了少有的容忍，脸上始终挂着耐心的微笑。在回答提问时，桑蒂尼说得最多的就是两句话：一句是"我是一个职业教练，自然要遵循这个职业的规则"；一句是"人生有很多地方不如人愿，但这就是人生"。你能感觉得出来，桑蒂尼的语气是真诚的，感情也是真诚的，无论是对于现在的法国队还是对于未来的托特纳姆。

尽管如此，单就欧洲杯揭幕前一周宣布自己将接手一家国外俱乐部来说，桑蒂尼已足以记入法国足球的历史了。因为从法国队建立以来，还从来都没有过一个主教练主动在大赛前提出过转会呢！西蒙内对于桑蒂尼的决定感到很意外，用他的话说，自己本来是对桑蒂尼寄予了很高的期望。

不过，除了西蒙内之外，法国足球圈的很多人都对桑蒂尼持理解态度。两个月前，桑蒂尼就曾经给普拉蒂尼打过电话，向他咨询自己是否有权利在合同没有续签之前选择其他的归宿，普拉蒂尼给予了他肯定的答复。因此对于桑蒂尼做出这样的决定，普拉蒂尼表示很理解，用他的话说："每个人都有每个人的选择。"

有趣的是，对于桑蒂尼转会，绝大部分法国队球员也持有和普拉蒂尼同样的看法。已经成了核心球员的皮雷和萨尼奥尔态度惊人的一致："我们理解他的做法！"谈到这会不会影响即将打响的欧洲杯，他们显得很轻松，认为这不但不会有负面作用，还可能会有积极的效果，因为桑蒂尼肯定想给自己的国家队教练生涯画上一个圆满的句号。

阿内尔卡被打入冷宫

在开始欧洲杯的故事之前，我们不妨休息一下，画个括号，先讲一个阿内尔卡和桑蒂尼的段子。自从在阿森纳浮出水面之后，阿内尔卡的新闻就从来都没有断过。这个任性的孩子，从转会皇马到拒绝入选国家队，在成名后的5年来一直都是媒体关注和讨论的焦点，却最终也没有成为更懂得韬光养晦的他的同龄人亨利和特雷泽盖一样的顶级前锋。

阿内尔卡这样的球员能够得到主帅的垂青才会让人感到意外。因为他太自我了，尽管自我得很坦率。比如，他很干脆地承认在球队的成绩和自己的表现之间，他更在乎后者。所以，作为上一届欧洲杯冠军球队的一员，阿内尔卡并不是感到很爽，因为他自己在那次比赛中没有露脸的机会。

尽管如此，一个球员和主教练之间的矛盾像阿内尔卡和桑蒂尼这样闹得如此沸沸扬扬还真是不多见。在桑蒂尼当选法国队主帅的时候，阿内尔卡甚至连他的面都没有见过。但是桑蒂尼上任以来没有给阿内尔卡留下一点好印象。没有把阿内尔卡当作救世主也就罢了，还对阿内尔卡两个哥哥在阿内尔卡入选国家队的资格问题上的参政讥讽了一番，这使得阿内尔卡尤为恼火。

阿内尔卡对于桑蒂尼非常有成见，在后者前往曼彻斯特探望阿内尔卡时短暂的会面上，两个人不欢而散。2002年11月，当桑蒂尼把阿内尔卡写进国家队的名单的时候，阿内尔卡竟然公开拒绝了。理由很简单，去补戈武留下的空缺简直让这个自视甚高的曼城锋将面子上下不了台。如果说这个理由本身就很牵强的话，随后阿内尔卡在著名的巴黎竞赛画报上的坦白都有点太过分了，他居然狂妄地叫嚣："要想我加入国家队，除非桑蒂尼跪下来求我，此后，我才可以考虑考虑！"

桑蒂尼没有跪下来。桑蒂尼绝不会跪下来，就算法国队的锋线上人才匮乏得像雅凯时代一样，桑蒂尼甚至都不会给阿内尔卡打一个电话。这就是桑蒂尼的性格。何况，法国队锋线上的问题不是稀缺，而是过剩。除了亨利、特雷泽盖这对黄金搭档之外，还有西塞、马莱、戈武、萨哈、卢因杜拉等小将锋芒毕露，而维尔托德和久利这样的多面手随时可以补充到最前沿。

最终，形势的演变没有朝向阿内尔卡一方，最终，跪下来的是阿内尔卡。在跪下来之前，他就蓄意在法国多家电视台的节目中向桑蒂尼发出求和的暗示。那时候，笔者曾经在CANAL+电视台见到过行色匆匆的阿内尔卡本人，他坦承自己所在的曼城实在是一个没法引起任何人关注的小俱乐部了，而他要引起所有人的关注，所以，只有回到国家队才能实现自己的野心。

其实，阿内尔卡始终独守在一个人的世界里，就像一个拒绝长大的孩子。得承认，这个孩子可能会意气用事，但他不会说谎，也不会求人。他甚至自己都承认和别人交流很不自在，尤其是不会向别人主动靠近。主动和桑蒂尼缓和关系，对于阿内尔卡来说简直比踢进100个球还难。

然而，要实现鲤鱼跳龙门的梦想，这又是必须跨过的门槛。在图拉姆的劝说下，他主动给桑蒂尼打了一个电话，想要在电话中和后者约会当面道歉。在打这次电话前，阿内尔卡显然意识到了自己给桑蒂尼造成的伤害，但是仍然坚持如果要道歉的话，那也要是面对面，而不是通过媒体的形式。

桑蒂尼显然没有理睬阿内尔卡的要求，他的沉默更有发言权，就像对于阿内尔卡年初在媒体上发动的攻势无动于衷一样。所有人都相信，阿内尔卡最终将无缘欧洲杯，因为没有人相信，阿内尔卡会最终按照桑蒂尼的要求做出书面道歉。

意识到转机不会出现的时候，阿内尔卡自己创造了转机。在吹灭了25根生日蜡烛的第二天，也就是3月15日，阿内尔卡授意自己的哥哥给主要媒体的编辑部发了一份传真，对于桑蒂尼以及国家队做出了道歉。于是，阿内尔卡的大照片和"我错了"的标题成了很多媒体的头条。

俗话说，浪子回头金不换。但是真的如此吗？首先，阿内尔卡的道歉是真的回心转意，还是在欧洲杯进入倒计时的关头不得已而为之，没有人能说得清。所以，尽管西塞被禁赛5场而丧失了欧洲杯的资格，尽管本赛季33场比赛有20个进球的阿内尔卡完全有资格成为23人中的一个，但是桑蒂尼决意把阿内尔卡打入冷宫。

希区柯克式的悬念

桑蒂尼不要阿内尔卡的确有个人自尊心的原因，但是如果了解阿内尔卡的个性，那么，就一定可以理解桑蒂尼的英明了。阿内尔卡的重新出世要等到多梅内克接任了，这一颗画着骷髅头的定时炸弹，直到2010年南非世界杯的时候才会爆炸。这是后话。

当时，在这个提前宣布转会的惊叹号之后，桑蒂尼仍然真的想给自己在法国队的教练生涯画上一个圆满的句号。其实，这不光是桑蒂尼一个人的愿望，也是法国足球界上下的一致预言：那就是法国队将会卫冕冠军。支持桑蒂尼抛出炸弹的普拉蒂尼同样相信法国队的实力，他一副当仁不让的架势，好像放眼欧洲就没有第二支球队可以和法国队华山论剑了。如果说普拉蒂尼是个局外人，那么法国足球技术委员会主任雅凯同样认为法国队是最可能的冠军得主，这显然不是盲目的乐观了。雅凯认为法国队的最低标准是前四名，这也是法国足协认可的及格底线。

翻一翻当时的媒体报道就会清楚，不仅仅是这些圈内高层这么乐观，几乎所有法国人都把自己当成了最大的夺标热门。这倒没有什么好奇怪的，单凭亨利和齐达内的风光就足够其他球队羡慕的了。正因为这些球星依次进入峰巅状态，法国队也达到了历史上最强大的时期。雅凯直言不讳地说自己没有桑蒂尼的运气好。桑蒂尼接掌国家队两年以来，成绩和温格麾下的阿森纳一样创下连胜和不败记录。问题在于，一周之间，阿森纳失去了足总杯和欧冠的夺冠机会，而法国队，是不是也提前透支了最后的辉煌呢？

没有人否认从实力上来说法国队在欧洲的头号地位，但是每一支欧洲强队都相信自己的运气。这也难怪，回顾一下历史就会知道，除了1958年那次世界杯第三名，法国队的光荣仅仅从20年前才开始。那是1984年，凭借普拉蒂尼的"铁三角"法国队第一次获得了欧洲杯冠军。接下来是1998年的世界冠军和2000年的欧洲杯冠军把法国队的荣誉推向了极致。在2002年韩日折戟因此而显得不堪忍受。

笔者当年在采访巴特斯的时候，这位法国队一号门将自以为是地说法国队最大的敌人是法国队自己。他的话有两层意思，首先是自认为天下第一，其次最担心的不是对手，而是疲劳和伤病。这不仅仅是巴特斯一个人的看法，亨利、维埃拉和齐达内等法国队主力都有同样的担心。至于主帅桑蒂尼，手里握着一大堆候补队员的名单，不断去观察这些队员的状态如何，用意很简单，就是防范这些主力球员万一出现受伤的情况。

经过两年来的不断试阵，桑蒂尼已经确定了自己心目中的主力阵容，他自己从来都不讳言这一点。在三条线上，除了个别球员的状态和伤病情况，剩下的变数已经不多了。后防线虽然经常受到质疑，但是人选却基本上已经固定下来了，剩下的问题是怎样组合，尤其是中卫的搭档。桑蒂尼时代用得最多的是德塞利和加拉，不过，他们两人并没有让桑蒂尼满意。在最近两场配合的是德塞利和图拉姆，后者打中卫的表现还是没法让人信服。图拉姆留在中卫还是继续打右边卫是欧洲杯之前集训要解决的问题。同一时代的利扎拉祖是左边卫的主力，萨尼奥尔、西尔维斯特和加拉也是当然之选，至于梅克斯和布姆松作为理想替补也基本可以成行。

这一套后卫阵容在1998年和2000年的时候可以说是固若金汤，但是在4年之后，不知不觉间已经成了一个纸老虎了。说德塞利宝刀不老实在是有些牵强，问题在于，他的经验和镇定还没有人能够替代。如果单从统计分析，法国队迄今仅被攻入5球，完全可以高枕无忧，不过，由于法国队这两年遇到的基本上都是弱旅，加上中前场的锋芒，这条后防线并没有承受到真正意义上的冲击。

和后防相反，中场和锋线是法国队最值得骄傲的资本。齐达内、皮雷、维埃拉和马克莱莱是铁定的主力，达科特和佩德雷蒂作为维埃拉和马克莱莱两个后腰的候补也确定了自己的地位。锋线上的亨利和特雷泽盖是法国队的两大王牌，而维尔托德的复出是桑蒂尼的一个喜讯，他对于这个前波尔多的多面手信任由来已久。

2002年世界杯的时候，法国队同样被视为最大的夺标热门，结果小组都没有出线，爆出了最大的冷门。2004年欧洲杯，葡萄牙会不会成为法国队的福地呢？如果单单从运气上讲，法国队肯定没有得到所有的眷顾，但是如果从悬念来说，那简直可以和2000年的荷兰比利时欧洲杯相媲美。

法国队的开场不是一帆风顺的，但却注定是一波三折的。尤其是首场和英格兰队的比赛，皮雷后来回忆道："那简直是希区柯克式的悬念。"没错！在兰帕德率先破门之后，法国队几乎没有任何像样的机会，如果不是巴特斯扑出了贝克汉姆的点球，这个比分还会扩大。

　　几乎所有人都认为法国队无望了，笔者对此印象格外深刻，因为报纸要在比赛之后5分钟截稿，所以笔者在距离比赛结束还有5分钟的时候就已经写完了这场比赛的述评了。结果，这个述评刚刚发走，就听到球场内沸腾的声音，所有人都站了起来。第91分钟，齐达内扳平了比分，笔者连忙重新改述评，刚准备写，又是一片惊呼，齐达内点球破门，最终法国队以2∶1的比分反败为胜。

　　仅仅3分钟，法国队就踢进了2个制胜球，这是怎样的效率，尤其是相对于整整90分钟内的平淡来说。利扎拉祖瞪大眼睛的照片迄今为止仍然挂在《队报》的墙上，这位现在成了专业评球专家的前国脚总结说："那是一场无法相信的比赛，迄今为止，我仍然觉得，就那场比赛而言，平局已经是一个完美的结果，但是，杰拉德给我们贡献了这个点球，不过，足球很多时候就是那么不可思议！"

　　啃下了英格兰队这块硬骨头之后，接下来的克罗地亚队和瑞士队当然不在话下。先是2∶2平克罗地亚队，接着3∶1胜瑞士队，法国队虽然顺利晋级，但是同样暴露出了很多问题，最主要的一点就是球员状态的不稳定。发挥好的时候你会觉得他们一定能够卫冕冠军，而更多的时候，是让人感到失望，就算是赢球也改变不了这一点。就连桑蒂尼自己都承认，法国队始终都没有进入100%的状态，不过，他认为，就算如此，法国队既然能够打败英格兰队，同样可以打败其他任何对手。

下一个对手，四分之一决赛的对手——希腊队算不上传统的欧洲豪强，但是这样的球队却吻合了所有让法国队翻车的标准，事实上，也吻合了绊倒其他欧洲强队的标准，所以希腊队最终连续战败捷克队和葡萄牙队成为欧洲杯上的冠军。输给雷哈格尔统帅的希腊，这是不是一个意外？如果和首场比赛对于英格兰队的翻盘而言，这一场0：1输给对方真的算不上意外。对此，普拉蒂尼做出了这样的总结："和2002年的世界杯相比，法国队的水平一点都没有提高，只是这一届欧洲杯，法国队的运气多了那么一点点而已。"

在这场比赛之后，雅凯打造的1998年世界杯冠军球员绝大多数选择了挂靴，其中德塞利已经36岁了、利扎拉祖34岁、图拉姆32岁，剩下的只有巴特斯、维埃拉、亨利、特雷泽盖和皮雷5个人。虽然这和法国队失利有关，但是更主要的是年龄的因素，毕竟，他们都已经超过30岁了。这些退役的球星当然没有6年前德尚和布兰克的礼遇，不过，他们中的三个人，齐达内、图拉姆和马克莱莱还会在2006年的世界杯中复出，重新创造了一个英雄奇迹。

桑蒂尼的自白

按照法国足协的四强的要求，桑蒂尼显然没有达到。不过，我们实在无法因此否定桑蒂尼的成就，在他执教的两年期间，法国队总计28场比赛，其中胜22场、平4场、仅负2场，打进69球，仅被打进13球。这是一份了不起的成绩单，尤其是直到被希腊队战败才结束的连续21场比赛的不败纪录。

那么，在欧洲杯上到底发生了什么？这个问题恐怕永远都是一个谜，因为桑蒂尼从来都没有再说起。当事的球员德塞利和齐达内也没有再提及。这似乎成了所有人小心翼翼的一个雷区。然而，通过赛后桑蒂尼欲言又止的表白上，的确可以看出一些曲折之处。在说到球员的热情的时候，他甚至否认了球员缺乏赢球的信心，而把问题归结到了赛季末的疲惫："我不认为我们的球员缺乏动力，但是，这批球员在几个赛季的高水平之后整体出现的疲倦，尤其是体力方面，我觉得才是更大的问题，比如在和希腊队这场比赛中，我很惊讶，我们居然创造了如此少的机会，那简直是和我们的实力完全不吻合的发挥。"

那么，为什么比赛的状况与实力不相吻合呢？桑蒂尼表示："法国队1∶0艰难战胜乌克兰队就已经敲响了警钟，是的，那场比赛已经清楚地告诉我们，这支法国队并没有我们期待的状态。但是，每一次大赛的状态都是根据每一场比赛进入的，而不是提前就已经表现出来了。我们希望我们能够在比赛中焕发出这样的斗志，但是，很遗憾，我们并没有达到预期的目标。我更遗憾的是，在球队内部的管理上，出现了很多内耗的问题。"

这个内耗的问题，也就是以德塞利为代表的球员集体挑战了桑蒂尼的权威。桑蒂尼对此没有否认，他甚至补充道："这些问题在欧洲杯之前就已经存在了，为什么没有提前说出来呢？因为我一直尝试着保护这个球队，保护所有涉及的球员，当他们可能受到媒体的指责的时候，我肯定会站出来，而我不可能让媒体或者球队外部来指责某个球员。我从心里一直否认这种事情的存在。更重要的是，我没有办法，把这些问题公之于众。不仅仅如此，还有很多问题，很多不恰当的采访，很多球员自视的地位，比如很多球员不愿意付出，不愿意服从……这是一个球队经常能遇到的问题，并且经常可以随着比赛的进展而逐一得到解决。毕竟，完美并不存在，但是，当所有的问题汇聚到一起的时候，我们势必没有任何办法来解决。"

这是桑蒂尼在离任之前的最后告白，而如果对照他在赛前的表白，简直是判若两人。以下是笔者在欧洲杯之前对于桑蒂尼的采访，可以还原一下那次奇怪的比赛背后的真相。

桑蒂尼欧洲杯前的专访——我的目标是卫冕

在克莱枫丹训练基地打过几次照面后，对于媒体并不是很感冒的法国队主教练桑蒂尼爽快地接受了笔者的专访要求。他坦率地说，由于自己的日程全部由法国足协的新闻官图农负责，要和他具体确定约会时间。笔者立即联系到了图农，这个前《队报》同行对于我们这次采访可以说是尽心尽力。由于桑蒂尼到处观察球员，待在巴黎的时间很少，这个约会更改了几次，最后定在了4月22日桑蒂尼去意大利观看达科特的比赛的前一天。按照图农的解释，一直到欧洲杯之前，这样单独的采访机会都屈指可数了。

我们的采访是在法国足协4楼桑蒂尼的办公室里进行的。印象中的桑蒂尼并不善言谈，但是他谈了很多，而且非常坦率。他不喜欢照相是出名了的，但是这一次还是接受了记者的要求。在记者低下头调试闪光灯的时候，他开玩笑地说："是不是要照主教练的脚啊？"

在桑蒂尼当选国家队主教练的时候，没有人不担心他会和媒体闹僵。意外的是，这个在里昂的时候以性格倔强著称的教练，在当了两年的法国队主教练以后，竟然学会了一套相当成熟的应对之道。难能可贵的是，客套和虚伪桑蒂尼没有学会，迄今为止，我们还没发现他说过一句言不由衷的话。

"这两年的成绩让我感到无比骄傲"

笔者：您执教法国队已经快两年了，一切都很美好，套用法国报纸上的结论，就是您的成绩好得不能再好了……

桑蒂尼：（得意地笑了）我想，还有很多方面可以继续完善，比如教练班子和队员之间的关系，队员自己的状态以及彼此之间的配合程度。但是，一切的一切都体现在成绩上。对于一个教练的成功与否，比分是唯一的衡量标准。现在，葡萄牙欧洲杯马上就要到了，届时将是对于我们最重要的挑战。

笔者：在您刚刚接手国家队的时候就果断地抛弃了很多老队员，当时是不是担心影响其他老队员的情绪？

桑蒂尼：我想，他们都是职业球员，都懂得承受职业的要求。我们得承认，他们中的每一个人都没法忘记2002年世界杯失利的影响，所以，当时我的重中之重就是重新树立起这个团队的信心，重新唤起他们击败所有对手的欲望。换句话说，就是把脱轨的火车重新安置到铁路上。让所有人都重新争取自己在国家队的地位，我这样做的目的在于调动所有队员的积极性。最初的时候的确是艰难，这在和土耳其队以及塞浦路斯队的比赛中都可以看得出来。不过，我们毕竟找到了一个正确的方向并且坚持了下去。现在，我真的为法国队在过去两年中取得的一切感到无比骄傲。

笔者：在确定国家队大名单的时候，您选择了大量的法甲年轻球员，这是因为您作为法甲教练对他们的了解还是出于为未来做准备的考虑？

桑蒂尼：（笑了）主要是我对于他们很了解。至于准备未来，我想有两个步骤，第一步是在欧洲杯出线，第二步是使这些球员在各方面得到进步，他们很可能在不远的将来改换门庭，甚至跑到国外俱乐部效力，从这个意义上来说，法甲也只是一个相对的概念。坦率地说，对于一个国家队主教练来说，我们并不为未来着眼，我们面对的是一个短期的目标，具体地说就是准备每一场比赛。

笔者：这个问题希望您不要介意，我注意到，您对于自己的旧将总是十分看重，比如巴特斯、库佩、戈武、卢因杜拉等。

桑蒂尼：（没有生气，反而是很自豪的语气）我承认这一点，但是毕竟，法国队不是靠着这个标准建立起来的。作为一个主教练，我觉得和若干球员保持密切的关系是至关重要的，你要有几个球员你可以对他们寄予信心。对于一个你看着他成长的球员来说，你了解他的特点，他也知道你的要求，这样彼此都很容易。（有点惊讶）你提到了巴特斯，的确，我对于他很偏重，尤其是当他在曼联受到很大压力的时候。要知道，当他15岁半的时候，是我第一个把他放到了职业联赛的舞台上！一个球员有自己的高峰和低谷，这是很正常的。

笔者：我在采访巴特斯的时候，他对您的做法很感激，他说从您那里得到了鼓舞。

桑蒂尼：当然了！一方面，我了解他；另一方面，作为一个职业教练，没有任何理由对这样一个经历过各种考验的球员不给予信任，他在马赛的表现已经证明了这一点。

笔者：同时，还有很多球员处于被冷落的地位，比如阿内尔卡和珀蒂他们。在上一场比赛中您召入了同样属于边缘人选的米库，这是不是标志着阿内尔卡他们重新获得了进入法国队大门的机会？

桑蒂尼：一切都是可能的！一切都决定于他们自己的状态，是他们决定自己是否能进入葡萄牙的大名单，而不是我。你知道，我们在出线过程中几乎一帆风顺，随后，在和德国队、比利时队和荷兰队的比赛中表现仍然很突出。我得强调，在足球这项运动中，个人技术不是唯一的标准，球队阵容的稳定可能更重要。我对于现在的国家队队员充满信心，同时，在我们还没法做出最后的决定之前，如果有些球员能够表现出更多的潜力，我们同样会考虑。

"我从来都不受媒体的影响"

笔者：对于您来说，作为国家队主教练和俱乐部教练的区别是什么？

桑蒂尼：主要是时间的安排上，在俱乐部个人自主的余地更大一些，不过，如果我是俱乐部主教练的话，可能就不会引起你们的报纸的兴趣了（笑）。现在，作为国家队主教练，由于队员大多数时间都效力于俱乐部，我们没法和队员朝夕相处，因此缺乏和他们的接触，这是一个遗憾。

笔者：您怎样组织自己的日程表？

桑蒂尼：一般来说，每个月都有一场比赛，有比赛就要准备，如果没有比赛的话，比如从现在到欧洲杯前的集训有一个多月的时间，我就去看队员的比赛，国内和国外都去。对于即将开始的欧洲杯，我们还要观察对手的情况，比如英格兰队和克罗地亚队。还有很大一部分时间是用来召开新闻发布会接受媒体的采访，因为法国队无论是在法国还是在国际上都拥有很大的知名度，就像法国队拥有很多世界一流的球员一样。

笔者：在您刚上任的时候，怎样和媒体相处曾经是法国足协担心的一个问题，现在，您已经很娴熟了。

桑蒂尼：（笑）娴熟是谈不上的。对于我来说，这是一个巨大的快乐，我很幸运能够有机会回答各种媒体的提问，不仅仅是在法国，在欧洲，甚至是世界范围内。这里我得提到法国足协的新闻官菲力普·图农，他是一个十足的专家，他从前也是一个记者，他知道怎样去回避和面对，我尽可能让自己做得更职业化。当然，时刻要提醒注意的是，记者和教练毕竟是两个不同的职业。

笔者：您受媒体的影响吗？

桑蒂尼：（笔者的话还没说完就开始坚决地反对了）没有，没有，从来都没有！菲力普向我提供各种主要的报道，他知道哪些应该有所反应。每个人都可以有自己不同的想法，但是这个想法应该是很职业的，我看到过一些报道，对于他们的逻辑是不理解的，我们要知道的是，怎样承担属于自己的那一部分责任。

"闻到了欧洲杯的味道"

笔者：还有一个半月就是欧洲杯了，您已经闻到了这场比赛的味道了？

桑蒂尼：当然了，对于我们来说，从2003年9月和斯洛文尼亚队的比赛之后我们出线以来，就开始选择下榻酒店，选择训练场地以及热身赛的对手，包括以色列队和德国队等，我们需要打败他们来赢得自信。

笔者：是不是感到了压力呢？

桑蒂尼：（连连摇头）没有，是巨大的快乐！如果我们可以拥有所有的队员的话，我们就是一手的好牌。我们肯定会有所表现的。当然了，同时我们也有很多责任需要承担，我们毕竟是一个夺冠的热门队伍。

笔者：您给自己定的目标是什么？

桑蒂尼：赢球，保住这个我们得来不易的冠军！尽管，我知道很多比赛将很难打，无论是在半决赛，还是决赛上。有实力夺得冠军的不止是我们一个，还有四个左右队伍同样不相上下，不过，我们太需要这场胜利来洗刷2002年的阴影了。

笔者：您怎样看法国队的长处和短处？

桑蒂尼：法国队的长处我们都清楚，我们有齐达内这样几个球员，无论是在欧洲还是世界范围内都是最好的，同样重要的还有老球员和新球员的融合，他们一致地希望能够拿下这项奖杯。至于短处（那张看起来一本正经的脸上突然之间露出了诡异的神情），我不能告诉你，否则就会被我们的对手看到了!

笔者：从1998年世界杯以来就没有大的变化，您对于后防线的老化一点也不担心？

桑蒂尼：从统计来看，结果是让人放心的，从法国队和瑞士队的比赛以来，我们没有被打进一个球。对于这些老队员来说，信任是最重要的，我没有任何理由怀疑我们的防线。我担心的是，赛季还没有结束，这些后防队员会不会受伤。同时，防守并不只是后卫的工作，齐达内和亨利都很善于回防。

笔者：西塞的禁赛改为4场，这会不会改变您的大名单？

桑蒂尼：我们会对此进行考虑，但现在看不会。我们要到5月中旬才开始确定最后的集训名单。对于西塞来说，小组赛的比赛就是三场，出于这个原因，我觉得西塞很难进入到23人的名单中。

笔者：不管怎么说，对于锋线来说，问题都不是缺人，而是怎样选人吗？

桑蒂尼：不尽然。有的球员多年来一直是国家队队员，他们的状态越来越好，他们的配合就是一种快乐，在快乐的同时还富有效率，这就是亨利和特雷泽盖。经过几个赛季的稳定表现，西塞是代替他们中的某一个的主要人选，还有其他球员，现在看来有那么三四个，要在他们中选择出两个来。

笔者：您对于欧洲杯的担心是什么？

桑蒂尼：我的担心？（这个问题让他有点好奇，想了想）现在进入了赛季尾声，对于很多球员来说，体力的消耗和受伤的威胁始终都存在。加上各个国家的联赛不是在同一天结束，因此，在体力上的恢复和在精神上的放松是一个关键。

笔者：在欧冠，阿森纳和皇马双双出局对您来说是一件好事吗？

桑蒂尼：不能这么说！还有切尔西和摩纳哥呢，切尔西就有三个国脚，在摩纳哥还有久利他们。另外，参加比赛不是一件坏事，你知道，赢得了欧冠就算是疲惫点也没有关系，甚至比他们在体力上保存得很充分但是一无所获要好得多。疲惫始终都存在，但是赢得这样的比赛却不是经常都可能的。

笔者：您和法国足协续约有新消息了吗？

桑蒂尼：据我所知，法国足协不会在欧洲杯之前和我续约，因此，我们可能要在葡萄牙才能对这件事进行探讨了。

第八章 2004—2014年：
齐达内分水岭

流产的年轻化革命

　　桑蒂尼提前转会的消息一公布，立即有很多人对法国队主帅这块烫手山芋般的位置跃跃欲试了。蒂加纳、布兰克、德尚和德努埃等人都有足够的资历，成了选帅的热门人物。 其中，带领摩纳哥队打入欧冠决赛的德尚风头最盛，也被公认为最合适的人选，不过，他已经和摩纳哥队续签了两年的合同，显然不合时宜。除了德尚之外，另外两名人选可以说是旗鼓相当，那就是蒂加纳和布兰克。在这两个候选人的背后，是当时的法国足协副主席普拉蒂尼和足协主席西蒙内，分别代表着当时法国足坛的两股势力。双方难分伯仲的时候，雅凯出面了，他提出了第三条道路，也就是法国足球技术委员会的人选，这就是渔翁得利的多梅内克。

雅凯强力举荐的多梅内克，虽然作为法国青年队主教练算是自己的门下，但是和自己完全不是一种风格。在法国足球圈中，多梅内克绝对算得上一个异类。虽然他的做事方式受到了争议，但是却没有任何人否认他的人格魅力。他很善于倾听，更善于表达，他的表情总是很神秘，目光高深莫测，微笑里面同时蕴藏着欣赏和挑剔。你甚至无法对于他的性格做出一个结论，从这一点来说，虽然演员仅仅是个业余的爱好，但是他却做得很成功。而且，在某种程度上来说，他把自己的人生都当成了一个舞台！

多梅内克自己毫不否认这一点，他甚至多次表示，足球和舞台剧从本质上如出一辙。他在足球这个职业上的角色显然比舞台上更加复杂，因为他不光是一个演员，同时还是一个导演。而对于一个导演来说，不但要有自己的灵感，更重要的是演员的状态。这也是多梅内克最担心的地方，他甚至多次表示自己的命运决定在队员的手中。于是，从上任开始，他就开始了年轻化的革命。此后的漫长6年中，他都不断地更换自己"剧组"的成员，直到自己也被更换为止。

一张面孔换成另一张面孔，一个打法换成另一个打法，担任国家队主教练以来，多梅内克就这样不停地给所有人带来悬念。很多人都认为这样的做法带着哗众取宠的味道，甚至将他对于占星术的偏好和他在球场采用的战术联系到了一起。这显然是一种误解。不错，特立独行的性格使得多梅内克的脑袋里始终都转动着不同凡响的主意，但是如果你和他接触几次之后，就会发现他的每个主意其实都发自内心。在这个人的本性无法摆脱人类社会的桎梏的时代，多梅内克用自己难能可贵的真诚让你耳目一新，更多的时候，那种超萌的举动则让你无法忍受。

笔者还记得多梅内克刚刚上任的新闻发布会，他很诚恳地说："2004年7月11日我的女儿VICTOIRE（维克托瓦）诞生了，更重要的是，这一天，我被任命为法国队主教练。"在法语中，"维克托瓦"这个名字就是胜利的意思，那时候，迷信的多梅内克认定女儿会给自己带来好运。而给他带来好运的，与其说是这个名字，不如说是齐达内的复出。

在上任的起初，他决定向所有媒体敞开心扉，实现法国队和媒体的透明化。不过，在无数次受到误解之后，他毅然决定闭上嘴巴，就像合紧两扇张开的贝壳。"反正你们喜欢猜测，那么就干脆去猜测吧！"当你问到一个他无法回避的问题的时候，他会双手一摊，一副无赖相地说："不回答就是我的回答。"看到这样的表演，很容易理解，他在后来为什么成了媒体的众矢之的。

书归正传，克莱枫丹大本营出身的多梅内克履新后就开始把自己此前的弟子召集到法国队的麾下，规模之大，以至于这支法国队可能叫作法国青年队更准确些。不仅仅球员，从教练到新闻官都是青年队的。这就是多梅内克叫嚣的年轻化革命。和波黑的热身赛上，"第一次"算是主题词了，多梅内克第一次执掌法国队的教鞭，阿比达尔、斯奎拉奇、马武巴和埃夫拉等后来的主力球员第一次穿上了法国队队袍。

这样的做法曾经引起了争议，但是，多梅内克很坚持。在他看来，如果把老队员全部都召入国家队的话，那么国家队不就成了欧洲杯时的那支法国队了吗？等待着法国队的不就是像欧洲杯一样的命运了吗？多梅内克想的没错，实际上，这个换血的工程早在2002年就应该开始了，但是在短期利益的影响下，一直拖到了两年之后，失望的舞台从韩日变成了葡萄牙。

不过，需要正视的现实是，这样一支队伍的实力就连和欧洲杯的那支队伍也无法相比。等待多梅内克的可能不是桑蒂尼时代的连胜，甚至有可能在外围赛上折戟。对于这一点，多梅内克本人并不是不了解，但是这并不妨碍在就职典礼上扬言，如果没有当世界冠军的野心和信心他就不会接受国家队主教练的挑战。但是，在几次热身之后，他的口气改变了，他甚至从内心开始妥协了。在他看来：法国队早已不是世界冠军了，1998年的历史太遥远了；法国队也不是欧洲冠军了，2000年的光荣已经被希腊队刷新了。

法国队的确不是从前的那个成熟的法国队了，在稳健到了缺乏激情的地步之后，一切都需要重新开始，无论是这个球队的阵容还是风格。多梅内克曾经这样憧憬，这支法国队不但要赢球，还要打得好看，打出气势，用这种气势重新赢得失去的球迷。这只是远景而已，是雅凯之后历届主教练的期待。而就多梅内克手上的这支青年"近卫军"，你没法说它完美，你甚至没法提出各种奢求，但是你却没法放弃希望，因为这还不是让你目眩的大厦，而是一个机器轰鸣的工地。

在这块工地上，"第一次"一族毕竟缺乏经验，这一点从和波黑的第一场比赛就已经露出端倪。迫不得已，多梅内克召回了特雷泽盖、久利和马克莱莱等三员老将，当然了，还有维埃拉。其实，在老队员中，他想挽留的其实只有两个人，那就是图拉姆和齐达内。对于这位新任主帅而言，图拉姆的意义比齐达内还要重要得多。齐达内的天才虽然无与伦比，但他的存在会或多或少地妨碍新法国队风格的形成，这一点是多梅内克不想看到的，也是让他感到犹豫的地方。正因为如此，对于齐达内挂靴的态度他才能如此洒脱。但是，图拉姆的情况就不同了，他太需要这个富有经验的老将来领衔年轻的防线了。他甚至多次打电话给图拉姆，期望他能够回心转意。这个回心转意要等到一年之后，也就是法国陷入了世界杯出线命悬一线的境地的时候。

不如意的热身赛之后，多梅内克开始了自己的世界杯出线之旅，这也是他能否延续合同的第一关。这看起来并不是一个不可能的使命，就算是对于这个年轻化的球队都如此，小组中几乎没有什么拦路虎：瑞士队、以色列队、爱尔兰队、塞浦路斯队和法罗群岛队。不过，4场比赛过后，法国队的成绩是一胜三平，仅有6分进账，小组排名第四，已经站在了无缘世界杯的边上。而多梅内克坐在教练席上的10场比赛中，总计也只有3场胜利。这意味着，多梅内克和他的青年军显然已经注定没办法挽狂澜了。

痛定思痛，就连多梅内克自己都承认，法国队缺少的正是一个能够对巴西队时打进制胜两球，能够在欧洲杯逆转英格兰队时最后关头力挽狂澜的那个灵魂人物。能够充当这个角色的，显然不是需要不断锤炼的新人，而是一个已经名满天下的老将。这个老将的名字，就是齐达内。

如果齐达内是一剂灵丹妙药，多梅内克此前为什么不特别感冒呢？原因在于，如果齐达内归来，他从上任以来力主的改革将不得不半道夭折，而那些子弟兵又面临了重新的挑战。但是，现在感觉到自己穷途末路的多梅内克已经不是当年的那个颐指气使的多梅内克了。这也难怪，当多梅内克决定进行年轻化改革的时候曾经赢得了一片喝彩，大家一致认为这是勒梅尔和桑蒂尼时代就应该解决的遗留工程；但是，当法国队面临被淘汰威胁的时候，所有人都开始怀疑多梅内克曾经提倡的一切。其中，也包括多梅内克自己。

那张叫作齐达内的"彩票"

当一个国家队处于危机的时刻，才会对于自己的球星发出一种本能的求救一样的呼唤。这是一种非凡的信任，非凡的拥戴和宠爱，能够得到这样的殊荣，翻开一百年来法国足球的历史，也就只有普拉蒂尼而已，还是做教练。现在，轮到了齐达内来一次世纪复出了。

　　为了让齐达内出山，就连法国当时的总统希拉克都亲自打了电话，至于法国足协主席埃斯卡莱特，更是先后两次奔赴马德里游说。在埃斯卡莱特的授意下，主教练多梅内克也到马德里三顾茅庐，和齐达内坦率地交流了法国队面对的困境和可能的办法。除了埃斯卡莱特和多梅内克之外，还有齐达内的赞助商，比如法国的达能集团等，也对于齐达内寄予了同样的期待。总而言之，齐达内的复出已经不再是一个个人恩怨的问题，而是一个事关国家荣辱和自己利益得失的决定。

　　这样的关头，齐达内很快做出了抉择，而且是发自内心的抉择。那是2005年8月3日下午，笔者还清楚地记得，宣布齐达内回到法国队的时候，欧洲一台主持人的声音几乎因为兴奋而颤抖了。对于自从2002年以来多灾多难的法国足球来说，这不啻一个福音。

　　这是一个福音，但是也不乏怀疑的声音：齐达内到底是一个救星，还是一根绝望中的救命稻草？给齐达内起了"齐祖"绰号的法国名帅库比斯在执教波尔多时曾经对齐达内有知遇之恩。当雅凯第一次把齐达内选进国家队的时候，库比斯就对雅凯说："有了齐祖，你就等于是中了彩了！"弹指一挥十年间，对于多梅内克来说，齐达内还是那张幸运的彩票吗？

　　事实不是一张，而是好几张。齐达内在宣布了自己的复出之后，同时宣布了马克莱莱和图拉姆两名队友也将一起重返法国队。他们两个人，一个是和齐达内配合最默契的好朋友，一个是在11年前的8月17日同一天披上了蓝色战袍的老队友，"三剑客"的携手很快成为法国队世界杯出线的法宝。

齐达内在2004年欧洲杯之后毅然决定在国家队挂靴，和自己在左前卫的位置无法表现出自己的真实状态的内心失落不无联系，为此他甚至向桑蒂尼提出过抗议。所以，法国足协主席和主教练分别亲自上门劝说齐达内重新回到国家队的时候，他直截了当地提出了他的条件，就是打中路。对于多梅内克而言，没有选择的余地。齐达内打中路从此成为原则，至于根据队员状态的内部调整以及针对对手不同而采取的变化都需要从其他方式考虑。换言之，只要齐达内没有受伤，那么多梅内克的选择只有"4231"和"4132"两种，所有球员的位置都可以变，而不变的是齐达内。

齐达内提出的这个要求的确有些霸道，但是却绝对不是没有道理的，他重返国家队之后带来的脱胎换骨的变化就是一个证明。多梅内克的青年军上阵是立竿见影的兵败如山倒，齐达内的复出带来的是立竿见影的翻身得解放。法国队一改预选赛上此前的颓废，在客场都柏林1：0战胜了爱尔兰队，接着在伯尔尼逼平了瑞士队，最后，主场4：0大胜塞浦路斯队，与此同时，爱尔兰队和瑞士队0：0战平，让法国队以小组头名的身份直接晋级德国世界杯。

过了第一关之后，已经宣布了自己将在世界杯之后彻底退役的齐达内表示，自己将和法国队重新打入决赛。无独有偶的是，多梅内克也把决赛和捧杯当作了自己的目标。这样的乐观，别说是球迷，就算是法国队内部，除了他们两个也没有人相信。果然，在小组赛上法国队步履维艰，场场惊心。

首场对瑞士队乏善可陈，0：0交差，这意味着要想小组出线就只有在接下来的两场比赛中战胜韩国队和多哥队。和韩国队一场，法国队的状态开始回暖，亨利9分钟就率先破门，不过，韩国在第80分钟的时候扳平了比分（1：1）。连续两场平局之后，和多哥队一场堪称生死战。缺少了两张黄牌在身的齐达内，法国队重新回归到了"442"的传统打法中。此前一直状态极端低迷却始终保持首发地位的维埃拉成了齐达内之后的另外一个灵魂人物，他一次自己破门，一次给亨利助攻，锁定了2：0的比分，法国队以小组第二的身份勉强进入了16强。

接下来，被休息了一场的齐达内重新出世，他和他的队友们仿佛突然找到了柳暗花明又一村的感觉。6月27日，在汉诺威，淘汰赛的第一关是西班牙队，法国队在完全不被看好的情况下爆出冷门，以3比1击败对手。这场比赛中，齐达内为法国打入锁定胜局的一球，不过，当场球星却非里贝里莫属，正是他在中场前扳平了比分，并且扭转了整场比赛的格局。这个马赛新星正是凭着在世界杯上的表现赢得了拜仁慕尼黑俱乐部的倾心，并且在随后的年代，成了法国队当之无愧的核心元素。

7月1日，法国队进入八强之后的对手是巴西队，一场多梅内克率领下法国队最漂亮的一场比赛。马克莱莱和维埃拉超水平发挥，完全控制了中场，而好像重新穿越到了8年之前的齐达内几乎无处不在、无所不能，第57分钟，正是凭借他的任意球，亨利打进全场唯一的进球，法国队1∶0取胜。有趣的是，自从1998年世界杯的决赛之后，巴西队就没有在世界杯上输过球，这一次，又输给了法国队！难怪赛后，贝利对于齐达内的表现都赞叹不已，称之为"魔术师"。

5天之后，半决赛的对手是从未进入过世界杯决赛的葡萄牙队，这支由菲戈和克里斯蒂亚诺·罗纳尔多领衔的生力军一心想要创造历史，但最终功败垂成再一次被法国队挡在了世界杯决赛之外。葡萄牙队的机会比法国队还多，开场一刻钟德科的小角度射门和菲戈的单刀都险些得手。但是第31分钟，亨利在对方禁区内获得点球机会，齐达内主罚命中，打进了全场唯一的进球。随后，葡萄牙队的攻势虽然前仆后继，但是在图拉姆等老将的严密防守下，最终保住了城门不失。齐达内预言再次兑现了，法国队进入了决赛！

勺子点球和红牌

柏林奥林匹克球场，德国世界杯的决赛，法国队的对手是意大利队。这是一场超出足球意义的比赛，尤其是对于引领法国队完成了一个奇迹的齐达内来说，他的不可思议的创举，加上不可理喻的意气用事，就这样令人无法置信地构成了这个无法忘记的晚上，2006年7月9日的晚上。

和老迈的意大利队比起来，老将担纲的法国队锐气更足。开场仅6分钟，马卢达突入禁区被马特拉齐放倒，法国队获得点球机会。齐达内亲自操刀，皮球击中横梁后越过了门线，一个令人瞠目结舌的勺子点球！看到这一幕，几乎全场都仿佛凝固了，随后半晌，才发出连续的惊呼。在这样紧要的关头，敢于踢出这样高风险系数的点球，除了齐达内，还能有谁？后来，齐达内本人坦言需要这样一个非同寻常的进球来增加球队的信心，而且，他有足够的自信能打进这个球。这样的赌注，齐达内总能赢得，他有这样的技术和胆识，同时，也有这样的运气。

不过，运气不是任何人的专利。仅仅10分钟后，马特拉齐将功补过，扳平了比分（1：1）。从此之后，两个都擅长防守反击的球队陷入了胶着状态，直到终场双方都再也没有进球。加时赛上，齐达内再显神勇。第104分钟，布冯扑出了齐达内的头槌，躲过一劫。5分钟之后，马特拉齐拽了齐达内的球衣，两人随后发生口角，但是很快就分开了。然而，谁都没有想到的是，齐达内突然转过身用头狠狠地撞向了马特拉齐的胸部，后者貌似痛苦地倒在了地上。在边裁的提醒下，主裁判立即掏出了红牌，齐达内由此终结了自己的国家队生涯，而本来占据了优势的法国队终于被意大利拖进了点球大战。点球大战中，意大利人无一失手，法国队的神射手特雷泽盖却把球踢出了横梁，最终，意大利人获得了冠军。

在齐达内被红牌罚下之后，大家比对于比赛结果更好奇的是，齐达内为什么会有这样激烈的反应呢？齐达内本人后来的解释是："他抓住了我的队衣，我说STOP（停止），如果你想要，赛后我给你一件。但是，他的言语令我难以忍受，他伤害了我的个人内心，尤其是提到了女性和家人，我想当作没听到，但是，他说了3次，我再也忍受不住了。"马特拉齐到底对齐达内说了些什么？这可能是一个永久的谜。综合法国和意大利媒体的分析，应该是侮辱了他的姐姐或者母亲。马特拉齐提供了不同的版本，就是齐达内很轻蔑地认为自己想要他的球衣，就忍不住侮辱了他，至于侮辱的内容，他自己也没有细说。

无论他说了什么，都已经不重要了。一张红牌之后的7月9日，子夜的柏林，这是齐达内永远都无法忘记的一天。这一天的每个场面都历历在目，在更衣室里，他用绝望的心情向所有队友道歉。之后，和他的哥哥们坐在一起默不作声地吃饭。第二天，他和球队一起回到了巴黎，按照预定计划在总统府爱丽舍宫受到了希拉克的接见，希拉克专门向齐达内表示了感谢。和总统共进午餐之后，他来到协和广场的酒店平台上向蜂拥的球迷致意。

7月20日，国际足联对此事进行调查，齐达内和马特拉齐都赶到苏黎世听证。最后，齐达内被禁赛3场，并处罚款7500瑞郎，马特拉齐停赛两场，罚款5000瑞郎，各打五十大板。由于齐达内已经从国家队退役，3场禁赛改为3天的义务服务。从这个判决可以看出，撞人一方和被撞一方遭到几乎同样的处罚，说明马特拉齐的确对齐达内造成了难以忍受的侮辱。

对于这个侮辱，齐达内始终都没有原谅，也就对于自己的冲动始终都没有后悔。在两个月之后参加少年球员培训的新闻发布会上，齐达内虽然再三表示不谈任何个人问题，但还是感慨地说："对于那张红牌，事情已经做了，已经成了过去了。我要告诉孩子们在他们的整个职业生涯中都不要重犯同样的错误，我在这就是要告诉他们这些，就像告诉我自己的孩子一样。"

值得玩味的是，对于齐达内的做法，绝大多数的法国人持理解态度。8月13日，法国《星期日报》刊登了对于法国人最喜欢的人的民意调查，齐达内竟然排在了榜首。更有趣的是，根据齐达内撞人动作创作的歌曲"COUP DE BOULE（头球）"竟然创造了一个热销记录，卖出了25万张CD，网上下载了27万次。这首歌还走出了国界，出了西班牙版、日语版和意大利版。

多梅内克式求婚

世界杯亚军的成绩给多梅内克撑足了腰杆，柏林的决赛之后，胸有成竹的多梅内克甚至连讨论是否给他续约的法国足协大会都没有参加就直接开始了自己的假期。的确，作为获得世界亚军的主教练，他在续约问题上占据强势地位。在舆论的压力下，包括足协主席埃斯卡莱特和法国体育部长拉穆尔在内的巨头都把挽留多梅内克当作最大目标。

这样，多梅内克留下来就没有任何悬念了，唯一的不确定因素是合同的期限。自从吃了勒梅尔的苦头之后，法国足协在选择教练的时候都是签订两年的短期合同，并且对于比赛成绩提出具体的量化指标。不过，在多梅内克的坚持下，法国足协最终还是让了步，合同期限延长一倍，一直到2010年世界杯结束。

新合同在握，多梅内克的后齐达内时代开始了。对，多梅内克在法国队长达6年的执教可以以齐达内的退役为分水岭，之前是雅凯时代余光照耀的无限灿烂，之后就是一塌糊涂的种种荒唐了。在德国世界杯尝到了甜头的多梅内克不再提上任伊始的换血计划，和两年前准备世界杯外围赛上尽遣新人的做法相反，这一次，多梅内克对于所有参加世界杯的老将都竭力挽留。在成功说服了图拉姆之后，甚至连已经宣布退役的马克莱莱也没有放过。而这既违背了球员本人的意愿，更激起了切尔西俱乐部的强烈不满，为此，多梅内克不惜和穆里尼奥展开了唇枪舌剑。

重用老将带来的效果仍然是明显的，在2006年下半年开始的欧洲杯预选赛上，先是3：1击败世界冠军意大利队，报了德国世界杯上的一箭之仇，接着友谊赛1：0小胜欧洲冠军希腊队，连2004年被淘汰的耻辱都雪了，最终，以小组第二的身份拿到了欧洲杯的入场券。这样的轰轰烈烈显然只是惯性的力量，在瑞士和奥地利联办的欧洲杯上，多梅内克很快就要出丑了。

对于法国人来说，2008 年的欧洲杯，几乎是2002年韩日世界杯的翻版。在小组的3场比赛中，法国队未尝胜绩，惨淡出局。6月9日，首场和罗马尼亚队0：0打平。4天之后，在和荷兰队的比赛中，被对方4：1大败，这也是50年来法国队在正式比赛中最惨重的比分。6月17日和意大利队的最后一场小组赛上，法国队延续了自己的自由落体般的跌落轨迹，以0：2缴械。

这简直是比马其诺防线还滑稽的一次崩溃，而最为滑稽之处在于，多梅内克在这样的失败之后真情流露的一幕。赛后的新闻发布会上，56岁的多梅内克不想回答任何关于球队和比赛的问题，而是深情而无助地说："我现在只有一个计划，就是和丹尼结婚。就是今晚，我正式向她求婚。我知道这是一个困难的时刻，但这样的时刻，我需要她！"

比多梅内克小16岁的丹尼（ESTELLE DENIS）是当时法国M6电视台足球栏目的主持人，也是多梅内克的两个孩子的妈妈。就连她本人对于这样的一幕都感到非常震惊，更不要说所有的球迷了。在这样全法国都感到沉重的时刻，作为直接的当事人和责任人，怎么可以突然提出这样不合时宜的个人的要求呢？

经过这样的失败，尤其是这样的失控之后，法国足协开始考虑是否提前解除多梅内克的合同。法国职业联盟主席蒂埃里回忆说，当时他曾经强烈推荐过德尚担任法国队主教练。蒂埃里甚至专门到摩纳哥和德尚谈了接任法国队的条件，当时正在赋闲的德尚欣然接受了这个计划。可惜，这个提议遭到了普拉蒂尼的坚决反对。在他的要求下，时任法国足协技术委员会主任的霍利尔，也是普拉蒂尼任主教练时候的助手，在足协大会上力保多梅内克，最终使得德尚的上位延迟了4年之久。说到这儿的时候，这个职业大律师出身的职业联盟主席的小胡子一翘一翘的，似乎生怕这个故事不生动。

手球出线

　　主教练的位置虽然保住了，但是威信尽失的多梅内克很快就陷入了风雨飘摇之中。为了稳定局面，法国足协专门延聘了博格西安加入教练组。但是，这样的微调并没有改变法国队的下滑曲线。在南非世界杯的外围赛上，法国队陷入了和德国世界杯如出一辙的窘境。在第7小组，法国队仅列第2名，必须通过和爱尔兰队的附加赛才能拿到南非世界杯的入场券。

　　客场对爱尔兰队，法国队很争气地以1∶0战胜了对方。主场只要打平就可以出线了，法国球迷几乎认定这只是需要履行的程序。不过，这个"过场"走得令人意外的艰难。在法兰西大球场，法国队几乎没有任何主场的优势，反而是爱尔兰队牢牢地控制了场上局面，很合乎逻辑地靠上半场基恩的进球1：0领先法国。

两场比赛，双方总比分为1：1。加时赛，这才是真正精彩的部分。第103分钟，那简直是没有任何人能够想象得到的一幕：马卢达获得前场任意球，斯奎拉奇争顶未果之后，亨利两次左手停球，没错，是两次，然后传中给埋伏在门前的加拉，这个和亨利一道在克莱枫丹训练营长大的少年伙伴头球破门，为法国队打进了制胜球，也让法国队由此获得了南非世界杯的入场券。

这是加拉77次效力法国队的第4粒进球，如果不考虑亨利手球在先的话，也是最漂亮的一个和最有意义的一个。遗憾的是，偏偏这个球是在亨利明显的手球之后，而这个手球几乎可以让亨利和马拉多纳媲美。在第二天的法国《队报》的头版上，就赫然用了这样的标题："上帝之手"。

显然，加拉的进球所仰仗的不是亨利，而是"上帝之手"。场上所有的球员都看到了这个手球，只有加拉没有看到。我们没有办法责怪加拉，这个整场比赛中兢兢业业的后卫，这个法国队的救星。不过，除了加拉之外，还有另外一个人没有看到这个手球就是不可原谅的了，那就是本场比赛的主裁判汉森（HANSSON）。他甚至毫不理会爱尔兰球员的抗议，执意认定进球有效。

当比分显示出来的时候，场上一片沸腾，记者席上却是一片嘘声。亨利本人在和队友拥抱之后并没有像往常一样庆祝自己的胜利，显然，他比所有人都更清楚这个进球的真相。比赛结束之后，亨利是最晚来到新闻发布会现场的一个，他坦率地承认了自己经历的一切："对，我手球了，当时我在两个爱尔兰人后面，球过来的时候打到了我的左手，裁判没有吹哨，我就继续传球。是的，裁判没有吹哨，但是并不是裁判没有吹哨就没有手球。手球是毫无疑问的，不过，我不是裁判……"

作为当事人，亨利的态度起码是坦率的。在说到获得出线的喜悦的时候，亨利是低调的。作为另外一个当事人，新闻发布会上，法国队主教练多梅内克却毫不掩饰自己的兴奋："手球？是的，这是裁判的问题，这是你们怎么写的问题，但不是我的问题！现在，请让我好好享受出线的喜悦。"

喜悦是多梅内克的，但却不是所有法国人的。为法国电视一台现场评球的前国脚利扎拉祖的评价毫不留情："这是一场灾难性的比赛，亨利两次手球裁判竟然没有看到，真是不可思议的。几乎所有的队员都看到了这一幕！终于，这一次误判的天平向我们倾斜了，但是，这有什么好骄傲的呢？爱尔兰队打了一场精彩的比赛，但是我们从他们手中抢走了胜利的果实。我们可以去南非了，但是我们的头却无法抬起来。"

的确，这不是一次光明正大的胜利。这一点，就连时任总统萨科齐都感觉到了，并且在出访的时候正式向爱尔兰道歉。的确，虽然法国队已经获得了世界杯的入场券，但是配不上出线的资格。法国队在两个小时的比赛中几乎没有任何灵感，没有任何内容，除了门将洛里斯的连续救险之外，挽救了法国队的进球近乎是一个奇迹，一个不公正的奇迹。

种种不堪的尼斯纳记忆

无论如何，法国队终于来到了南非。对于这次世界杯上的表现，几乎没有人对于法国队抱有什么幻想了，在马达加斯加附近的法属留尼汪岛的最后一场热身赛上，法国队0：1负给中国队更加重了法国队球员悲观的情绪。不过无论怎样悲观，都没有人会想到法国队会在小组赛上输得那么惨，而且会出了那么多的丑闻。

尼斯纳，南非好望角附近的旅游胜地，也是法国队在世界杯期间的大本营。这样一个充满美好想象的地方，在法国人的记忆当中，却是种种不堪。这显然和著名的特产生蚝无关，和海岸沙滩无关，和当地的一切都无关，如果要找到联系的话，那么，就是内讧和罢训这些难以想象的情节都发生在了这座小城而已。

经历了1998年和雅凯的冲突之后，法国《队报》再次卷入了和法国队乃至于法国足协的纠纷当中。小组赛上，先是0∶0战平乌拉圭队，接着0∶2败给墨西哥队，这家笔者所寄居的报纸的头版用两个字来概括对于法国队的总结："骗子"。当天，全部法国媒体都被失望和愤怒沉浸，法国足协似乎并没有感觉到这两个字的分量。

第二天，这份重量已经使法国足协所无法承受得了。6月19日，《队报》开创了这家百年报纸从来都没有过的先例，在头版公开引用了阿内尔卡在此前和墨西哥队的比赛中场休息时对于主教练多梅内克的侮辱："去死吧，你这个肮脏的妓女的儿子！"这无疑是一颗重磅炸弹，引爆了自从2006年世界杯之后就被压抑笼罩的法国足球。

6月20日，《队报》的头版上的标题赫然是"超现实"。这也算是对于阿内尔卡事件的一个总结。是的，这短短几天中所发生的一切，与其说是现实，不如说是电影的蒙太奇片段。浪漫的法国人，他们在无法用场上的激情感动你的时候，他们会用自己的幽默感，让你体会到法国足球自由落体式的沉重。

从6月17日到20日，作为一个跟了法国队十几年的记者，笔者觉得这四天的时间凝聚了法国队跌落的所有过程。所以，在这里，笔者尝试着用纪实的方式在本书中记下这四天时间的若干片段，作为多少年之后追溯法国队的深渊的凭证。

6月17日，周四

下午四点。多梅内克举行例行的赛前动员会。就像新闻发布会一样，他首先宣布和墨西哥队的首发名单。

"戈武！"当多梅内克嘶哑的声音说到这个名字的时候，整个会议室里鸦雀无声。连续两天，多梅内克在封闭对抗训练中变化了多种进攻路线。对于这个没有任何贡献的里昂前锋，多梅内克的爱将，阿内尔卡、加拉和埃夫拉等多名球队核心人物甚至联合进谏，要求用阿内尔卡替换他，从而让亨利首发。多梅内克同意了这个建议，并且在最后一场演练中做了这样的尝试。所以，当戈武再次出现在首发名单中的时候，所有球员都感到震惊，而埃夫拉、加拉和阿内尔卡更有一种被欺骗的感觉。

为什么多梅内克会做出这个突然的改变呢？据法国《解放报》透露，当天早上多梅内克获悉埃夫拉等球员兵谏的背后是齐达内的驱使，这个创造了2006年奇迹的功臣，同时也是抹杀了多梅内克2006年功绩的罪人，最终让多梅内克无法忍受，所以，做出了维持原来阵容的决定。不管这个消息是否属实，多梅内克在和墨西哥队一战前对于首发阵容的突然改变都令人生疑。尤其是对于戈武的过分信赖更是无法解释。一个不光是被所有球迷和媒体排斥，同时也被大多数队员排斥，而且在场上毫无建树的球员，多梅内克有什么理由要冒着犯众怒的风险让他首发呢？

21时15分。法国队和墨西哥队中场休息。多梅内克走到阿内尔卡的身边，没有表情地要求他更多地出现在对方门前。阿内尔卡看也没看多梅内克一眼，随口说自己已经尽了所有的努力。多梅内克的语气提高了："你如果不按照我的要求做，那么，你就出去。"阿内尔卡毫不示弱，说出了一连串的脏话。这也就是《队报》直接引语引用的："去死吧，你这个肮脏的妓女的儿子！"

这个细节的来源是封存在《队报》几个当事人内心里的一个秘密。根据后来几次新闻会的采访还原出来的争端始末，完全验证了这个版本的真实性。事实上，就连当事人埃夫拉都对此没有任何的质疑。不久之后，里贝里也承认了相仿的经过。否认的是阿内尔卡，他认为自己没有说和《队报》引用的一模一样的句子。

按照埃夫拉的回忆，在两个人剑拔弩张的情况下，他作为队长挺身而出。"两个人的脾气都发作了，我成功地摆平了这个危机。" 说到这儿，埃夫拉有点得意。不过，这个危机显然没有被摆平！当天赛后的自助晚餐中，所有的球员都和多梅内克打招呼，只有一个人例外：阿内尔卡。他在经过多梅内克身边的时候甚至连看也没有看他一眼。

22时30分。整个比赛结束之后，经过混合区的球员几乎没有任何人愿意接受任何的采访。法国电视一台记者阿斯特加（DAVIDE ASTORGA）拦住加拉，加拉没有理会，听到话筒那边执意的提问，加拉忍不住回过头，看也没看他一眼，向他竖起了中指。

这个动作引起了整个记者圈的一致愤慨。自从集训以来，法国队拒绝任何专访，拒绝媒体观看训练，现在，他们的举动就连起码的尊重都丧失了。作为法国足协的官方合作伙伴，法国电视一台随即向法国足协提出书面抗议。毫无疑问，这个争执不会在一两天集中解决，但是，问题却在一两天中集中爆发了。

6月18日，周五

早上5点。法国队上下连夜乘坐飞机赶回尼斯纳（KNYSNA），一个小时的大巴之后抵达下榻酒店。一路上，法国青年和体育部长巴什洛（BACHELOT）始终都和队员待在一起，她没有听到他们向她表达任何的问候，也没有听到他们之间任何的交流。这是沉默的一路。球员之间没有任何交流，球员和多梅内克之间也没有任何交流。所有的球员都塞着耳塞，或者是打游戏机，好像前一天的失败和他们无关。多梅内克则始终都在沉思之中。

直到下午15点，所有球员才起来，他们度过了一个加时的早上。稀稀落落地吃了迟到的早餐之后，他们看起来已经忘记了前一天的失败，脸上重新充满了阳光。因为睡眠而带来的阳光。在这些队员当中，很多人已经感到了绝望，比如埃夫拉。他毫不掩饰地表示，最后一场仅仅是为了荣誉而战。在这场比赛之前和这场比赛之后，这个2010年刚刚上任的法国队队长哭了两次。

不过，好多人还是希望奇迹。多梅内克始终都认为法国队最后一场才能决定最后的前途。现在多梅内克已经不相信了，但是很多队员仍然相信。这里面包括图拉朗，他的气概让人想起冲向大风车的堂吉诃德。

这时候，虽然多梅内克要求他们不准看任何报纸，不准看任何关于法国队的电视报道，但是，当他们对于多梅内克的信任就像对于希望一样开始丧失的时候，他们轻而易举地突破了这个不设防的防线。他们很快意识到了整个法国对于他们的愤怒，他们很快发现自己正坐在火山口上。

6月19日，周六

早上，法国足协主席埃斯卡莱特看到了空运过来的《队报》。对于《队报》所描述的一切，他并不陌生。前一天晚上，法国队的新闻官已经把更衣室所发生的一切向他进行了汇报。不过，他感到不可思议的是，这些本来包着的火怎么烧着了呢？

这时候，法国青年和体育部长的电话响了。巴什洛想知道一个究竟，尤其想知道一个处理的结果。埃斯卡莱特立即召集他的两个助手，法国足协副主席杜索瓦（DUCHAUSSOY）和秘书长瓦伦丁（VALENTIN）在他的豪华套房的客厅里开会。他们讨论的结果是，让阿内尔卡在当天下午的媒体见面会上公开向多梅内克和球迷道歉，否则，将对于阿内尔卡做出开除球队的处罚。

随后，埃斯卡莱特召见了阿内尔卡和法国队队长埃夫拉。埃斯卡莱特向阿内尔卡提出了自己的要求，阿内尔卡断然拒绝了。这个法国足球有名的"坏孩子"表示可以向队友道歉，但是绝对不会向多梅内克道歉，更不用说公开道歉了。埃夫拉和其他队友以及法国足协高层对于阿内尔卡分别进行了游说，但是阿内尔卡不改初衷。最后，埃斯卡莱特决定处罚，而阿内尔卡毫不犹豫地接受了，他甚至没有做出任何辩解。

17时。对于阿内尔卡的处罚宣布了。对于阿内尔卡被处罚之后的风度，埃斯卡莱特甚至在随后的新闻会上表现出赞许。那是一次他本来想要逃避的新闻会。出席那次新闻会的是法国队队长埃夫拉。当埃夫拉无法抵抗记者们的围攻的时候，新闻官紧急打电话给埃斯卡莱特，要埃斯卡莱特解围。"主席，你一定要参加！"这边的手机说出这样恳求的话的时候，那一边才动身。埃斯卡莱特显然没有准备好台词，这个仅仅20分钟的新闻会上，他几乎两个回答就有一次自相矛盾。

6月20日，周日

阿内尔卡事件显然不是一个单独的事件，这仅仅是露出水面的冰山的一角。而仅仅这一角就已经让因为法国队的信任危机而陷入争议的漩涡中的法国足协感到了大地震的前兆。

11时。法国电视一台的电视足球节目的直播。两天时间都雪藏起来的多梅内克终于露面了。说到阿内尔卡的言词，当事人表示出了相当的容忍："在更衣室中，球员和教练所感受到的压力不是一般人能够想象的。我们在讨论打法的问题，这样的时候出现一些冲突是正常的，阿内尔卡的言词有不恰当的地方，但是，我能够理解。"

他的强烈的个性在连续6年的潮来潮往中似乎突然之间消融了。说到对于阿内尔卡的遗憾，他坦言自己只有一个："我认为在这个事件成为公众事件之后，法国足协对于他的处理是恰当的。我的遗憾是，他为什么没有选择公开道歉呢？"

多梅内克恐怕没法理解，在切尔西前锋的眼里，他才是真正的罪人！事实上，这也是很多其他主力球员的看法。在这个处理之后，里贝里和加拉分别表示出对于多梅内克的抗议，并且因此被打入到当天对抗训练的替补阵容当中。

不过，这个训练最终没有进行。

在阿内尔卡被处罚之后，埃夫拉就表示："不，阿内尔卡的问题不是我想要说的问题，真正的问题是我们球队出了内奸！"要抓这个内奸，显然是一个不轻松的使命。不过，埃夫拉和法国队其他球员很快就找到了另外一个途径，那就是抗议法国足协对于阿内尔卡的处罚。

埃夫拉和加拉等球员尝试着和埃斯卡莱特以及主管法国队

的法国足协秘书长瓦伦丁寻求这种可能性，分别遭到了拒绝。与此同时，阿内尔卡本人已经在当天离开了南非而前往伦敦。

阿内尔卡的离开引起了球员们不满的整体爆发。阿内尔卡是一个火山性格的球员，他的爆发引发的是整个法国队的喷发。在挽回法国足协的处罚无效的情况下，他们在当天下午17时发表了公开信，宣布罢训。

法国足协秘书长瓦伦丁在协调无效之后，特别召集了所有随队的媒体，宣布自己由于无法履行工作的安排，将会随即离开南非，并且辞去法国足协秘书长的职务。这是法国足协地震的一个开端。

6月21日及以后

是的，阿内尔卡事件以及他引发的罢训根源在于多梅内克的无能，多梅内克的无能不但引发了球迷的公愤，同时也引发了球员的公愤。种种公愤之后，法国足协以最快的速度解除了多梅内克的职务。紧接着，在萨科齐总统的亲自过问下，对于所有涉及罢训的4名球员，处以合计禁赛27场，相对于法国足协的处罚条款，这样的决定几乎都触及了可能的上限。其中，最严重的处罚是对阿内尔卡禁赛18场，这样的严重程度空前绝后，这也意味着阿内尔卡在法国队的终结。埃夫拉禁赛5场，里贝里禁赛3场，图拉朗禁赛1场。

教练席上的一代巨人

接任多梅内克的是布兰克，这个人选早在世界杯之前就已经确定了。在波尔多仅仅执教两年，布兰克就已经成了法国公认的最好的教练。在2009年法国最佳教练的评选上，他甚至压过了有教授之称的温格。有趣的是，就连温格本人也在自己的选票上把布兰克放在了第一位。对于布兰克赞誉有加的不光是温格，另外一位法国元老教练雅凯很感慨地表示自己多少年前就预料到了爱徒的执教天才。事实上，早在2004年桑蒂尼离职之后，布兰克就已经是当时的足协主席西蒙内看中的对象。这项任命整整迟到了6年，正好让多梅内克完成了自己一半阳光和一半阴影的国家队肥皂剧。

上任之后，布兰克立即宣布自己暂不招入南非世界杯的23名法国国脚，这也算作他和南非世界杯告别的决心。8月11日，在和挪威队的热身赛上，新生的法国队1：2败北。不过，法国队场上所表现出来的士气还是让人感觉到耳目一新。当年9月，欧洲杯预选赛开始了。在法兰西大球场迎战白俄罗斯队，法国队再次以0∶1落败。在法国队的历史上，遭遇这样艰难的开场的，只有1992年的霍利尔。

危急关头，布兰克开始逐渐引入那些参加过南非世界杯的法国队核心人物，比如自己在波尔多时代的爱将古尔库夫等球员。这样的改变是速效的药方，在和波黑队的第二场比赛中，本泽马和马卢达各进一球，布兰克迎来了自己在法国队的第一场胜利。2∶0的比分，在接下来的两场比赛中都没有改变，主场迎战罗马尼亚队，雷米和古尔库夫分别建功，客场对卢森堡队，本泽马和古尔库夫各下一城。布兰克军团终于开始启动了。

而他们最光荣的一场比赛可以说是2010年11月17日在温布利2∶1战胜英格兰队了。面对特里、兰帕德和鲁尼，布兰克排出了自己的经典阵容，古尔库夫的中场组织仍然有声有色，本泽马和瓦尔比埃纳分别打进一球。2011年2月9日，在法兰西大球场的另外一场热身上，本泽马打进了全场唯一的进球，对手是巴西队。这也是法国队的第5场连胜。

接下来的预选赛上波澜不惊，南非世界杯的罪人们纷纷结束了禁赛，里贝里和埃夫拉等球星重回法国队，法国队在三条线上各自有了自己的掌舵人物。和多梅内克要么选新人，要么选老将的做法相比，布兰克显得更有章法。5场比赛过后，法国队出线前景渐渐明朗，引进和锻炼新人的机会来了，萨科

（SAKHO）就是那时第一次穿上了法国队的队衣。10月3日，法国队在法兰西大球场3∶0战胜阿尔巴尼亚队，接着在4天之后1∶1平波黑队，拿到了欧洲杯的入场券。布兰克麾下的法国队的不败纪录已经保持了15场。

　　在欧洲杯之前的热身赛上，法国队表现不错。在不来梅，2∶1打败了德国队，为2012年开了个好头。这场比赛中，吉鲁打进了自己在国家队的第一个进球。接着，在法兰西大球场分别以3∶2和2∶0战胜爱尔兰队和塞尔维亚队，6月5日的最后一次热身中，更是4∶0横扫爱沙尼亚队。连续的胜利使得法国队重新赢得了球迷的热情，法兰西大球场上飘起了这样的横幅："谢谢你们，我们始终和你们在一起！"

　　仅仅两年之后，在波兰和乌克兰的欧洲杯上，布兰克率领的法国队已经重新开始让法国人充满期待。第一场比赛对英格兰队，凭借纳斯里的进球，法国队1∶1战平。不过，纳斯里进球之后对于一名《队报》记者的侮辱再次挑起了媒体的争端，好在这场争端在法国队不败的战绩中没有发酵。第二场比赛的对手是东道主乌克兰队，梅内和卡巴耶分别建功，法国队2∶0轻松取胜。最后一场比赛，法国队0∶2输给了瑞典队，这也是法国队在连续两年保持不败之后的第一次失利。尽管如此，法国队还是以小组第二的身份进入了八强。

　　四分之一决赛的对手是世界杯和欧洲杯的双料冠军西班牙队。在这场比赛之前，输给瑞典队重新引发了球队内部的冲突，纳斯里事件重新唤醒了尼斯纳的幽灵。军心涣散之后，法国队不再是那个众志成城的法国队了，凭借阿隆索的两个进球，西班牙毫不费力地以2：0的比分跨进了四强。

　　被西班牙队淘汰并不是什么意外，让大家感到失望的不是这个结果，而是失败的过程。如果像在塞维利亚那样竭尽全力才是虽败犹荣，但是，法国队没有这样，他们几乎像二战时期维希政权一样，采取了不抵抗的政策。尤其是纳斯里，在和《队报》记者的矛盾之后，再次对法新社的记者爆出粗口，重新让法国队的形象蒙上了污点。

　　凡此种种，布兰克均采用了无为而治的办法，他并不热衷参与法国足协对于球员的种种惩罚。这引起了新任足协主席勒格拉埃的不满。事实上，勒格拉埃对于布兰克从来都没有满意过，他一直热衷的人选是德尚。所以，虽然按照合同规定，如果法国队进入八强，布兰克就有权自动续约，但是勒格拉埃却始终拖延，直到最后时刻的谈判中，对于布兰克的续约提出了若干条件，布兰克断然拒绝了。他在赋闲一年之后接替了安切洛蒂，担任了法国豪门巴黎圣日耳曼俱乐部的主教练。

　　一周之后，德尚就上任了。如果在布兰克和德尚之间想要分出优劣，实在是一个难题。他们两个风格迥异，所以从来都没有成为朋友，却都称得上法国最好的教练之一。布兰克更多的时间用在观察和思考上，就连训练都是助手操刀，而德尚则事无巨细，始终浸淫在第一线。两个人的生活方式也不一样，布兰克从不待在法国足协的办公室里，如果没有比赛，他就回到波尔多的家中，或者去各地看比赛。而所到之处，全部都是五星级酒店。德尚则相反，他要么在球场，要么在足协，吃住都很随意，这正好和勒格拉埃合拍。自然而然，也就获得了勒格拉埃的信任。

德尚接手之后，当然要按照自己的标准重新洗牌，紧接着，巴西世界杯的预选赛就开始了。和布兰克崇尚巴萨式的快意足球相反，工兵出身的德尚更喜欢实用主义的防守反击。和布兰克首场比赛失利相反，2012年9月7日，在首场正式比赛中，法国队客场1：0小胜芬兰队，赢得了开门红。4天之后，在法兰西大球场主场3：1战胜了白俄罗斯队。最艰难的挑战是10月16日客场对西班牙队。这个国际足联排名第一的球队不是徒有虚名，开场25分钟就先下一城，但是功夫不负有心人，阿森纳锋将吉鲁扳平了比分，为法国队赢得了宝贵的1分。第四场比赛，主场迎战格鲁吉亚队，中场休息前，吉鲁首先打破了僵局，接着，瓦尔比埃纳和里贝里分别在47分钟和61分钟扩大了比分，法国队暂时小组领先。

　　接下来是主场对西班牙队，决定小组头名的关键性战役。法国队终究实力不如，以0∶1败北。在和格鲁吉亚队和白俄罗斯队的最后两场比赛中，法国队一平一胜，积分在西班牙队之后，不得不通过附加赛来赢得通往巴西的门票。和西班牙队分在同一个小组，排在第二，这是一个预料之中的结果。出乎意料的是，2013年11月15日，附加赛客场对乌克兰队，法国队竟然以0∶2输给了对方！而且，在这场比赛的最后一分钟，主力后卫科斯谢尔尼还无谓地领到了一张红牌。首回合客场0比2落败，而在世界杯欧洲区预选赛附加赛历史上还没有任何球队能够翻盘，法国队的出线前景一下子黯淡了。

　　11月19日，法兰西大球场，主场对阵乌克兰队，关键时刻德尚重新布阵大动手术。中卫组合换成萨科与瓦拉内，在中前场，本泽马、瓦尔比埃纳、卡巴耶分别顶替了吉鲁、雷米和纳斯里。这些被换上的球员几乎个个表现非凡，并且由此改变了法国队的整体表现。第22分钟，本泽马低射，皮亚托夫脱手，萨科左侧插上轻松把球推过门线，法国队1∶0。第29分钟，里贝里左路传中，本泽马后点推射入网，但被错判为越位在先。颇为戏剧性的是，5分钟后，确实越位的本泽马凌空抽射却被判有效，法国队将比分改写为2∶0。第72分钟，萨科再下一城把比分扩大到了3：0。

两个回合对乌克兰的总比分为3：2，法国队实现了历史性的反超，并且确定了自己进入巴西世界杯的资格。这是一个现代版的绝处逢生的童话，也是一个属于德尚的奇迹。世界杯出线，对于法国来说算不上惊喜，但是用这样的方式，却不能不说是一个惊喜。惊喜的程度甚至超过了比赛本身，那种淋漓尽致的快意和谨严战术配合的完美联姻，这是布兰克执教时的由衷期待，竟然不经意间在德尚手上实现了。

至此，尽管按照心电图的曲线穿越高峰和低谷，但是从1994年开始，这已经是法国队连续第五次参加世界杯了，这已经是破天荒的成就了。20年过去了，那个不起眼但又不可或缺的后腰，已经坐在教练席上运筹帷幄了。

附　录

表1　历届世界杯法国队成绩

年份	成绩	比赛数	胜	平	负	进球数	失球数
1930年乌拉圭世界杯	小组赛	3	1	0	2	4	3
1934年意大利世界杯	1/8决赛	1	0	0	1	2	3
1938年法国世界杯	1/4决赛	2	1	0	1	4	4
1950年巴西世界杯	弃权	–	–	–	–	–	–
1954年瑞士世界杯	小组赛	2	1	0	1	3	3
1958年瑞典世界杯	季军	6	4	0	2	23	15
1962年智利世界杯	未晋级	–	–	–	–	–	–
1966年英格兰世界杯	小组赛	3	0	1	2	2	5
1970年墨西哥世界杯	未晋级	–	–	–	–	–	–
1974年德国世界杯	未晋级	–	–	–	–	–	–
1978年阿根廷世界杯	小组赛	3	1	0	2	5	5
1982年西班牙世界杯	半决赛	7	3	2	2	16	12
1986年墨西哥世界杯	季军	7	4	2	1	12	6
1990年意大利世界杯	未晋级	–	–	–	–	–	–
1994年美国世界杯	未晋级	–	–	–	–	–	–
1998年法国世界杯	冠军	7	6	1	0	15	2
2002年韩日世界杯	小组赛	3	0	1	2	0	3
2006年德国世界杯	亚军	7	4	3	0	9	3
2010年南非世界杯	小组赛	3	0	1	2	1	4
总计	2进决赛，1次夺冠	54	25	11	18	96	68

表2　历届世界杯法国队主教练

年份	主教练姓名
1930年乌拉圭世界杯	考德隆（Caudron）
1934年意大利世界杯	金普顿（Kimpton）
1938年法国世界杯	巴罗（Barreau）
1950年巴西世界杯	–
1954年瑞士世界杯	皮巴罗（Pibarot）
1958年瑞典世界杯	巴托（Batteux）
1962年智利世界杯	–
1966年英格兰世界杯	盖兰（Guerin）
1970年墨西哥世界杯	–
1974年德国世界杯	–
1978年阿根廷世界杯	伊达尔戈（Hidalgo）
1982年西班牙世界杯	伊达尔戈（Hidalgo）
1986年墨西哥世界杯	米歇尔（Henri Michel）
1990年意大利世界杯	–
1994年美国世界杯	–
1998年法国世界杯	雅凯（Jacquet）
2002年韩日世界杯	勒梅尔（Lemerre）
2006年德国世界杯	多梅内克（Domenech）
2010年南非世界杯	多梅内克（Domenech）
2014年巴西世界杯	德尚（Deschamps）

表3 历届世界杯法国队队长

年份	队长姓名
1930年乌拉圭世界杯	维拉普拉尼（Villaplane）
1934年意大利世界杯	戴伯特（Thepot）
1938年法国世界杯	马特莱（Mattler）
1950年巴西世界杯	—
1954年瑞士世界杯	容凯（Robert Jonquet）
1958年瑞典世界杯	马什（Mache ）
1962年智利世界杯	—
1966年英格兰世界杯	阿特莱萨（Artelesa）
1970年墨西哥世界杯	—
1974年德国世界杯	—
1978年阿根廷世界杯	特雷索（Tresor）
1982年西班牙世界杯	普拉蒂尼（Platini）
1986年墨西哥世界杯	普拉蒂尼（Platini）
1990年意大利世界杯	—
1994年美国世界杯	—
1998年法国世界杯	德尚（Deschamps）
2002年韩日世界杯	德塞利（Desailly）
2006年德国世界杯	齐达内（Zidane）
2010年南非世界杯	埃夫拉（Evra）
2014年巴西世界杯	洛里斯（Lloris）

表4　历届世界杯法国队10号

年份	球员姓名
1930年乌拉圭世界杯	球员球衣未印号码
1934年意大利世界杯	球员球衣未印号码
1938年法国世界杯	球员球衣未印号码
1950年巴西世界杯	－
1954年瑞士世界杯	容凯（Jonquet）
1958年瑞典世界杯	容凯（Jonquet）
1962年智利世界杯	－
1966年英格兰世界杯	德布戈因（De Bourgoing）
1970年墨西哥世界杯	－
1974年德国世界杯	－
1978年阿根廷世界杯	吉卢（Guillou）
1982年西班牙世界杯	普拉蒂尼
1986年墨西哥世界杯	普拉蒂尼
1990年意大利世界杯	－
1994年美国世界杯	－
1998年法国世界杯	齐达内（Zidane）
2002年韩日世界杯	齐达内（Zidane）
2006年德国世界杯	齐达内（Zidane）
2010年南非世界杯	戈武（Govou）
2014年巴西世界杯	本泽马（Benzema）

表5　法国队历届世界杯最佳射手

年份	球员姓名
1930年乌拉圭世界杯	马斯切诺特（Maschinot）2球
1934年意大利世界杯	尼古拉斯（Nicolas）、维尔里斯特（Verriest），各1球
1938年法国世界杯	尼古拉斯（Nicolas）2球
1950年巴西世界杯	—
1954年瑞士世界杯	樊尚和科帕各1球
1958年瑞典世界杯	方丹13球
1962年智利世界杯	—
1966年英格兰世界杯	奥赛（Hauser）和德布戈因（De Bourgoing）各1球
1970年墨西哥世界杯	—
1974年德国世界杯	—
1978年阿根廷世界杯	拉孔布（Lacombe）、普拉蒂尼、克里斯蒂安·洛佩兹、贝多尔（Berdoll）、罗歇托(Rocherteau)各1球
1982年西班牙世界杯	吉雷瑟3球
1986年墨西哥世界杯	斯托皮拉（Stopyra）、帕潘、普拉蒂尼，各2球
1990年意大利世界杯	—
1994年美国世界杯	—
1998年法国世界杯	亨利3球
2002年韩日世界杯	—
2006年德国世界杯	亨利和齐达内各3球
2010年南非世界杯	马卢达1球

表6 法国队世界杯最伟大射手

（世界杯总进球数最多球员）

球员姓名	总进球数
方丹（Fontaine）	13球
亨利（Henry）	6球
齐达内（Zidane）	5球
普拉蒂尼（Platini）	5球
罗歇托（Rocheteau）	4球
科帕（Kopa）	4球
吉雷瑟（Giresse）	3球
皮昂托尼（Piantoni）	3球
让·尼古拉斯（Jean Nicolas）	3球
真吉尼（Genghini）	3球

表7 世界杯总出场次数最多法国球员排名

球员姓名	出场次数	世界杯届次
亨利（Henry）	17场	1998年、2002年、2006年、2010年
巴特斯（Barthez）	17场	1998年、2002年、2006年
图拉姆（Thuram）	16场	1998年、2002年、2006年
博西斯（Bossis）	15场	1978年、1982年、1986年
普拉蒂尼（Platini）	14场	1978年、1982年、1986年
维埃拉（Vieira）	12场	1998年、2002年、2006年
齐达内（Zidane）	12场	1998年、2002年、2006年
特雷泽盖（Trezeguet）	12场	1998年、2002年、2006年
吉雷瑟（Giresse）	12场	1982年、1986年
蒂加纳（Tigana）	12场	1982年、1986年
阿莫罗斯（Amoros）	12场	1982年、1986年

表8　参加3届以上世界杯法国队球员

球员姓名	世界杯届次
亨利（Henry）	1998年、2002年、2006年、2010年
齐达内（Zidane）	1998年、2002年、2006年
巴特斯（Barthez）	1998年、2002年、2006年
图拉姆（Turam）	1998年、2002年、2006年
特雷泽盖（Trezeguet）	1998年、2002年、2006年
维埃拉（Vieira）	1998年、2002年、2006年
普拉蒂尼（Platini）	1978年、1982年、1986年
罗歇托（Rocheteau）	1978年、1982年、1986年
博西斯（Bossis）	1978年、1982年、1986年

参考书目

1. Jours de foot [M] .Francoise et Serge Laget, Philippe Cazaban, Gilles Montgermont Chroniques, 2013.

2. Le roman noir des bleus [M] .Eugene Saccomano, Gilles Verdez La martiniere, 2010.

3. Bleus Clairs ou Bleus Pales? [M] .Patrick Desault, Patrick sowden Jourdan, 2006.

4. La grande histoire de la coupe du Monde [M] .Gerard Ejnes L' Equipe, 2006.

5. Kopa. Kopa par Raymond Kopa [M] . Jacob-duvernet,

2006.

6. Just Fontaine ［M］. Jean-Pierre Bonenfant, 2006.

7. Pierre Marie Deschamps. La bella bistoire ［M］. L' Equipe,
2005.

8. 50 ans de Coupes d' Europe ［M］. Pierre Marie Deschamps
L' Equipe, 2005.

9. Denis Chaumier. Les Bleus ［M］. Larousse, 2004.

10. Les Annees Jacquet ［M］. Vanessa Caffin, Gilles Verdez
Solar, 1999.

11. Robert Ichah. Platini ［M］. Ineditions, 1994.

12. Jean Ferrara. Jean-Pierre Papin ［M］. Jean-Michel
Garcon, 1989.

图书在版编目（CIP）数据

世界杯冠军志之法国／体坛传媒编著. —成都：西南财经大学
出版社，2014.5
ISBN 978-7-5504-1370-2

Ⅰ.①世… Ⅱ.①体… Ⅲ.①足球运动—概况—法国
Ⅳ.①G843.956.5

中国版本图书馆CIP数据核字（2014）第063405号

世界杯冠军志之法国
体坛传媒　编著

责任编辑：张明星
助理编辑：李　筱
特约编辑：王云强
封面设计：李尘工作室
责任印制：封俊川

出版发行	西南财经大学出版社（四川省成都市光华村街55号）
网　　址	http：//www.bookcj.com
电子邮件	bookcj@foxmail.com
邮政编码	610074
电　　话	028-87353785　87352368
印　　刷	北京合众协力印刷有限公司
成品尺寸	165mm×230mm
印　　张	19.5
彩　　插	20页
字　　数	225千字
版　　次	2014年5月第1版
印　　次	2014年5月第1次印刷
书　　号	ISBN 978-7-5504-1370-2
定　　价	40.00元

2006年3月15日，国际足联代表马科恩女士宣布《体坛周报》成为国际足联中国地区官方合作媒体。

巴西球王贝利展示刊有自己报道的《足球周刊》。

2012年欧洲杯决赛夺冠后，西班牙队主帅博斯克拿着《体坛周报》欧洲杯期间的头版作秀。

2006年世界杯前，《体坛周报》记者张力采访德国国家队主教练克林斯曼。

《体坛周报》记者滨岩为梅西颁发金靴奖。

前法国著名球员，欧足联主席普拉蒂尼。

米卢蒂诺维奇与《体坛周报》世界杯出线号外特刊合影。

法国球星亨利与本书作者合影。